Narração

A cigarra e a formiga

Durante a época de calor as formigas trabalhavam apressadas, carregavam folhas para dentro do seu formigueiro. Enquanto isso, uma cigarra cantarolava em cima de uma árvore.

O tempo foi passando, os flocos de neve começaram a cair e a cigarra ficou com frio e sem ter o que comer. Então se lembrou das formigas. Foi até o formigueiro e bateu à porta pedindo para entrar:

- Por que a senhora não trabalhou durante o verão? Passava os dias olhando o que fazíamos e cantando em cima da árvore! – disse a formiguinha.

- Mas toda minha cantoria alegrava o trabalho de vocês! – respondeu a cigarra.

A formiga então deixou a cigarra entrar e animar a festa em sua casa.

shutterstock.com/Lorelyn Medina

Narração

O rato da cidade e o rato do campo

Um rato que morava na cidade foi convidado por seu primo para visitar o campo. Chegando lá o pequeno anfitrião preparou um belo jantar de boas-vindas, oferecendo-lhe o que tinha de melhor: feijão, pão e queijo.

Porém o rato da cidade achou tudo aquilo muito simples, nada daquilo lhe agradava. Então convidou o rato do campo para ir à cidade, só assim poderia mostrar ao primo o lugar rico onde morava.

Chegando lá, o ratinho do campo ficou impressionado com o que vira. Entrando na sala de jantar, logo serviu-se de carnes e até de sobremesas deliciosas. De repente... ouviram barulhos e miados.

- O que é isso? – perguntou assustado o ratinho do campo.

- É o gato da casa, corre primo! – respondeu o rato da cidade.

Nesse momento o gato pulou em cima da mesa, muito perto do ratinho do campo que gritou para o primo:

- Adeus, primo! Vou voltar para a minha casa no campo, lá pode não ter toda essa fartura, mas certamente tenho o privilégio do meu sossego!

shutterstock.com/jera_art

5 Janeiro

Narração

O cão e a carne

Um cão caminhava alegremente pela floresta e levava na boca um pedaço de carne. Ao passar por um riacho, percebeu o reflexo dela na água, e como àquela lhe parecia maior, resolveu fazer uma troca, soltando a que trazia nos dentes.

Porém a correnteza do rio levou a carne verdadeira e com ela foi também o seu reflexo.

O cão que antes queria escolher com qual ficar, agora ficou sem nenhuma das duas.

freepik.com

Narração

O galo e a raposa

Duas galinhas e um galo subiram em uma árvore para fugir de uma raposa. Como era esperta, disse ao galo que somente queria convidá-los a festejar a paz universal que haviam proclamado entre todos os animais da floresta.

O galo, que também era esperto, percebeu a mentira da raposa e disse:

- Como são boas essas novidades! Podemos convidar também aqueles cachorros que estão vindo, assim a festa ficará mais animada!

A raposa ficou com medo, foi pega em seu próprio plano. Tratou de dar uma desculpa e fugiu depressa antes que os cachorros aparecessem.

freepik.com

7 Janeiro

Narração

O lobo e o cão

shutterstock.com/Teguh Mujiono

O lobo ia andando pela floresta, quando encontrou um cão forte, bonito e com o pelo brilhante. O lobo percebendo a si mesmo como magro e desgrenhado, disse que queria ter a mesma sorte do amigo.

O cão decidiu levá-lo até sua casa e explicou que em troca de comida, precisava latir se percebesse algum perigo durante à noite.

Mas durante o caminho o lobo viu algo no pescoço do cachorro.

- É somente uma coleira. – disse o cão. – Fico preso durante o dia para as pessoas entrarem livremente em casa e solto à noite para cuidar da fazenda.

- Espere, meu amigo, não quero mais ser igual a ti. Prefiro passar um pouco de fome a ficar preso, minha liberdade me faz muito feliz.

E dizendo isso foi andando.

Narração

A raposa e o corvo

Certa vez um corvo abocanhou um pedaço de carne e voou até uma árvore para comê-lo. A raposa ao ver o corvo com a carne, ficou com inveja, então falou:

- Bom dia, senhor corvo! Sabias que acho o senhor a ave mais bonita da floresta? És formoso e gentil, se por acaso soubesses cantar, tenho certeza de que nenhuma ave seria melhor que o senhor.

O corvo, envaidecido com os elogios, não percebeu o plano da raposa e abriu o bico para cantar. Nesse momento, o pedaço de carne caiu no chão. Rapidamente a raposa pegou a carne e foi-se embora, deixando o corvo faminto e furioso com sua própria ignorância.

9 Janeiro

Narração

A cegonha e a raposa

Um dia a raposa convidou a amiga cegonha para jantar em sua casa. O jantar fora servido em pratos e a cegonha, como tinha um bico comprido, não pôde comer.

Para retribuir a gentileza da amiga, no dia seguinte, a cegonha convidou a raposa para ir à sua casa e chegada a hora do jantar, serviu a comida em uma garrafa.

shutterstock.com/VeZ

Como a raposa não conseguia alcançar a comida, voltou para casa com fome e percebeu que para ser bem tratada, deveria começar a tratar bem os outros também.

Narração

A gralha e os pavões

Uma gralha, vendo como os pavões eram bonitos, pediu algumas penas emprestadas e desde então passou a desprezar suas amigas, pois agora era diferente delas. Porém, passado algum tempo, os pavões pediram as penas de volta arranhando a pobre gralha enquanto tiravam as plumas.

A gralha, envergonhada, voltou para junto de suas antigas companheiras que lhe disseram:

- Aceita o que a natureza te deu e aprende que não devemos mudar para ser igual aos outros, estes devem querer nossa presença pelo que somos.

freepik.com

11 Janeiro

Narração

A mosca e a formiga

shutterstock.com/Mas Hasyim

Certo dia, uma formiguinha trabalhava duro enquanto ouvia uma mosca cheia de orgulho dizer:

- Sou nobre e livre, ando por onde quero, saboreio deliciosas refeições junto ao rei e ainda beijo as mais belas damas. Você, insignificante, vive somente para trabalhar.

Incomodada, a formiga respondeu:

- Não invejo a vida das moscas, são mal vistas, não são estimadas por ninguém, todos as enxotam. Já a mim, sou rica pelo meu trabalho, tenho casa e nada me falta.

Dito isso a formiga foi andando, deixando a mosca sem ter o que falar.

Narração

A raposa e as uvas

freepik.com

Uma raposa passou diante de uma parreira e a viu carregada de uvas maduras. Começou a fazer tentativas para pegá-las. Usou todos os artifícios que conhecia: tentou subir, jogou pedrinhas, mas tudo foi em vão.

Cansada, faminta e frustrada foi-se embora dizendo:

- Eu não as queria mesmo, estavam muito verdes!

Narração

O pastor e o lobo

Um pastor que vivia pela região tinha um péssimo hábito: adorava pregar peças e fazer brincadeiras de mau gosto mentido para as pessoas:

- Socorro, socorro, um lobo está atacando minhas ovelhas! – costumava gritar aos quatro ventos, mas quando as pessoas iam para ajudá-lo, encontravam-no a salvo, rindo de quem corria ao seu socorro.

Um dia, apareceu um lobo de verdade na frente do pastor, desesperado ele começou a gritar como sempre fazia. Porém, desta vez ninguém correu para socorrê-lo, o pastor teve de se esconder em cima de uma árvore, onde ficou por um bom tempo.

shutterstock.com/Lorelyn Medina

Narração

O leão e o mosquito

O leão ficou incomodado com um mosquito que não parava de zumbir e lhe dar picadas. Quando ele estava prestes a pegá-lo, o mosquito voava para picar outro lugar e o leão dava uma patada em si mesmo. Assim foi por um longo tempo.

No fim, o leão exausto e machucado, deu-se por vencido.

O mosquito, satisfeito, foi embora zumbindo contando a todos que havia vencido o leão, rei dos animais. Porém, na euforia que se encontrava, distraiu-se e não viu uma teia de aranha, onde ficou grudado.

Às vezes o menor de nossos inimigos pode ser o mais perigoso.

freepik.com

15 Janeiro

Narração

O vento e o sol

O vento e o sol discutiam para saber quem era o mais forte. Nesse momento passava pela floresta um viajante.

- Aquele que conseguir tirar o casaco do viajante provará sua força – disse o vento, e o sol aceitou o desafio.

O vento então começou a soprar com toda força. Porém, quanto mais soprava, mais o homem ajustava o casaco ao corpo. Frustrado, o vento se retirou, dando lugar ao sol.

O sol saiu de trás da nuvem em que estava escondido e começou a brilhar intensamente. O homem, sentindo cada vez mais calor, despiu o casaco que usava.

Nem sempre a força é o melhor caminho para conseguir o que se deseja.

shutterstock.com/Lorelyn Medina

Janeiro 16

Narração

A galinha dos ovos de ouro

shutterstock.com/Jamesbin

Uma velhinha tinha uma galinha que botava ovos de ouro. Embora raros, a senhora vivia sem passar necessidades. Seu afilhado sempre a visitava, e por vezes dizia:

- Madrinha, por que sempre espera pelos ovos dessa galinha? Se põe ovos de ouro, é bem provável que seja toda de ouro por dentro.

A senhora tinha suas dúvidas, mas dada a insistência do afilhado, concordou. Porém, quando olharam dentro da galinha, viram que ela era igual a todas as outras.

Ao contrário do que o afilhado dizia, a velhinha não ficou rica e ainda perdeu seu sustento.

Narração

freepik.com

O leão, a vaca, a ovelha e a cabra

Um certo dia, o rei leão propôs um acordo à cabra, à vaca e à ovelha, todos caçariam juntos e dividiriam o que fosse abatido. Curiosa, a cabra perguntou como seria essa tal divisão. O rei dos animais prontamente respondeu:

- Dividiremos em quatro partes iguais – os três animais olharam-se com expectativa, e o leão continuou:

- A primeira será minha, porque sou o rei dos animais, a segunda também será minha, porque sou o mais forte, já a terceira eu a quero, porque sou nobre e a última vocês a darão a mim de bom grado, porque sou amigo de vocês.

Os outros bichos, desanimados, trataram de inventar desculpas para o rei dos animais, e sair de mansinho.

Quem muito quer nada tem!

Janeiro 18

Narração

O ladrão e o cão

Um ladrão quis entrar em uma casa, mas havia ali um cão montando guarda que latia e o impedia. Para silenciar o animal, o ladrão, certa noite, jogou um pedaço de carne com veneno.

Esperto, o cão percebeu a maldade do ladrão e latiu ainda mais alto, afinal, não entregaria seu dono por um pedaço de carne.

O ladrão, percebendo que não poderia corromper a fidelidade do cão, foi ver se não achava uma casa mais descuidada para roubar.

freepik.com

Narração

A pomba e a formiga

shutterstock.com/Lorelyn Medina

Uma pombinha estava voando à beira de um rio, quando viu na água uma formiguinha se afogando. Rapidamente jogou um graveto onde a formiga pôde se segurar e ir até a margem. Estava salva.

Pouco tempo depois, passou um caçador e quando viu a pomba, levou a espingarda ao ombro. Porém a formiga percebeu sua intenção e deu uma forte picada no pé dele.

Com a dor que sentiu, o caçador perdeu a mira, então a pomba bateu as asas e fugiu.

Narração

O bambu e o carvalho

Um carvalho dizia a um caniço de bambu:

- Tenho pena de você, que a cada vento inclina-se para qualquer lado, balançando e se dobrando, ao contrário de mim que sou forte.

- Eu gostaria de ser assim como você, mas não posso, sou fraco, minhas raízes espalham-se pela superfície enquanto as suas enterram-se profundamente – disse o bambu.

De súbito levanta uma ventania e arma-se um vendaval. O carvalho tenta resistir, mas é muito pesado e o furacão o arranca pelas raízes.

Já o caniço de bambu, durante a ventania, inclina-se até o chão e logo quando o vento passa ergue-se sem ter sofrido dano algum.

21 Janeiro

O veado e suas pernas

shutterstock.com/VectorShow

Um veado vai matar a sede em um riacho de águas cristalinas, observando seu reflexo pensa "como são lindos e majestosos os meus galhos, mas que finas e feias são as minhas pernas".

Nisso ouve ao longe o latido de vários cães e põe-se a correr.

As pernas levaram-no longe dos cães e do caçador, porém quando já estava a salvo, seus galhos enroscaram-se em um ramo de uma árvore, quanto mais força fazia, mais preso ficava. O caçador, então, conseguiu apanhá-lo.

"Como pude ser tão iludido?" - pensa o veado - "Ainda há pouco falei mal de minhas pernas, que tanto me serviram e dei importância a esses inúteis galhos que foram o motivo pelo qual fui pego."

Narração

Os três porquinhos

shutterstock.com/Tomacco

Três porquinhos viviam na floresta, eles resolveram construir casas para se protegerem do lobo que estava pela redondeza. O mais novo construiu uma casa de palha, o irmão do meio, de madeira, e o mais velho uma casa de tijolos.

Um dia o lobo apareceu e foi logo batendo à porta do porquinho mais novo. Como ele não abriu, o lobo assoprou e derrubou sua casa de palha. O porquinho saiu correndo até a casa de madeira, mas o lobo também a derrubou. Então os dois saíram correndo e pediram ajuda ao irmão mais velho, pois sua casa era a mais segura.

O lobo tentou, mas não conseguiu derrubar a casa de tijolos, então ele resolveu subir pela chaminé, os porquinhos perceberam e acenderam a lareira. Quando ele desceu, queimou o rabinho e saiu correndo.

Desse lobo mau, nunca mais se ouviu falar!

Narração

Chapeuzinho vermelho

Era uma vez uma menina que todos chamavam de chapeuzinho vermelho. Um certo dia, sua mãe pediu que ela levasse doces para a avó que morava na floresta.

No caminho, chapeuzinho vermelho encontrou com o lobo, ele lhe disse que a vovó ficaria mais feliz se ela levasse flores também.

Enquanto isso, o lobo correu para a casa da vovó. Quando a velhinha abriu a porta, ele a devorou. Depois deitou na cama e ficou esperando pela menina.

Quando chapeuzinho chegou, achou a vovó meio estranha, falou sobre os olhos e as orelhas grandes e por fim disse:

- Vovó, mas que dentes grandes a senhora tem!

- São para te devorar! – nesse momento o lobo saiu correndo atrás de chapeuzinho que já estava à porta gritando por socorro.

Passavam por ali corajosos caçadores que a ajudaram. Mataram o lobo e salvaram a vovó.

shutterstock.com/Tomacco

Narração

O homem e o leão

Enquanto caçava, um leão espetou um espinho no pé. Não conseguindo tirá-lo sozinho, pediu ajuda a um homem que passava. O homem assim o fez, e o leão como agradecimento deixou de caçar em suas terras.

Um tempo depois, em uma caçada com seus amigos, o homem deparou-se novamente com o leão, porém não deixou que os homens o matassem.

Em retribuição o leão se pôs em sua guarda e o acompanhou por toda a vida.

Narração

A raposa e o coelho

Um coelhinho estava pronto para ir à escola. Sua mãe, todos os dias, orientava para que ele nunca desviasse do caminho e não conversasse ou aceitasse coisas de estranhos. O coelhinho achava um exagero todo esse cuidado de sua mãe.

Ao sair de casa, ouviu seus amigos falando de uma plantação onde havia grandes e saborosas cenouras, o coelhinho então esqueceu o que sua mãe dizia e foi até lá.

Porém a tal plantação atraiu todos os tipos de animais e lá ele encontrou uma raposa que foi correndo atrás dele, o coelhinho então saiu gritando por socorro.

Dona coelha, que morava não muito longe, ouviu os gritos e foi socorrer o filhotinho, que finalmente aprendeu que não deveria desobedecer a sua mãe, pois ela sempre estava certa.

Narração

A raposa e o leão

O leão, muito esperto, fingia-se de doente para receber a visita dos outros animais. Porém, depois de entrarem em sua toca, não os deixava mais sair e comia-os.

Por fim chegou a raposa à porta e perguntou como o leão estava. O leão então convidou-a para entrar e conversar.

- Não é necessário – disse a raposa.

– Vejo, pelas pegadas, que já há animais suficientes cuidando do senhor por hoje, amanhã voltarei para lhe fazer companhia!

E bem depressa foi-se embora para não mais voltar.

freepik.com

Narração

A raposa e a doninha

www.freepik.com

Uma raposa estava com fome e vendo um buraco na parede que dava para a despensa de uma casa, entrou. Lá encontrou uma doninha e também uma grande quantidade de alimentos, ela então comeu o quanto quis, porém engordou tanto que já não conseguia sair pelo buraco por onde entrara.

Disse-lhe, então a doninha:

- Se tens vontade de sair, para de comer até que emagreça!

- Tens razão! – disse a raposa. - Prefiro passar fome a ficar presa aqui!

Narração

As abelhas e o urso

Um dia, o sossego das abelhas foi interrompido por um urso faminto. Insistente, ele tentou de todas as formas possíveis, pegar o mel. Bateu na colmeia, fez fumaça, mas isso só deixou as abelhas mais irritadas.

Percebendo que precisavam defender sua casa, elas saíram em bando e deram ferroadas para espantar aquele grande encrenqueiro.

Dias depois, o urso ficou doente, estava com gripe, e um dos remédios para curá-lo era justamente mel.

As abelhas, quando ficaram sabendo, levaram o mel de que o urso precisava, afinal, não devemos guardar mágoas, e sim estender a mão a quem precisa.

freepik.com

Narração

Os viajantes e a árvore

Exaustos, dois viajantes pararam para descansar à sombra de uma frondosa árvore. Um dos viajantes disse:

- Como é inútil essa árvore! Não produz nenhum tipo de fruto e serve somente para sujar o chão com suas folhas.

- Quanta falta de gratidão! – disse uma voz vinda da árvore. – Aproveitam de minha sombra refrescante e ainda dizem que sou inútil.

shutterstock.com/Sabelskaya

Narração

shutterstock.com/brgfx

O agricultor e seus filhos

Um agricultor chamou seus filhos e lhes disse que em algum lugar de suas terras havia um tesouro enterrado, depois de ter dito isso o homem faleceu.

Após ser sepultado, os filhos começaram o trabalho de busca ao tesouro, cavando cada metro de terra da propriedade. Porém nenhum tesouro foi encontrado.

Passada a época da colheita, eles se sentaram para contar o quanto haviam ganhado naquele ano e descobriram que fora mais que seus vizinhos. Então perceberam que o verdadeiro tesouro que seu pai falava, na verdade, era seu trabalho.

Narração

Cinderela

Um comerciante viúvo tinha uma filha chamada Cinderela. Tempo depois, ele casou-se com uma mulher que tinha duas filhas, porém quando Cinderela perdeu o pai, ela passou a ser maltratada.

Certo dia, o príncipe do reino organizou um baile para escolher sua esposa, mas a madrasta não deixou Cinderela ir. Triste, ela recebeu a visita da fada madrinha, que em um passe de mágica, fez aparecer um lindo vestido, transformou uma abóbora em carruagem e os ratinhos, seus amigos, em cavalos.

Quando Cinderela chegou ao baile, o príncipe logo se apaixonou por ela. Porém, quando o relógio soou meia noite, o encanto se desfez e Cinderela saiu correndo, deixando cair um de seus sapatinhos de cristal.

No dia seguinte, o príncipe experimentou o sapatinho em todas as mulheres do reino, e quando encontrou Cinderela, passaram a viver juntos no castelo.

shutterstock.com/vitayulia

Narração

A mulher e o pote de leite

shutterstock.com/yuliadavidova

Uma camponesa voltava do campo com um jarro cheio de leite tirado das vacas.

Enquanto caminhava pensava já nos lucros que teria "uma parte desse leite venderei ao vizinho, com o resto farei queijo que venderei ao mercado. Com o dinheiro comprarei ovos para chocar e depois venderei também os pintinhos por um bom preço, então comprarei um belo vestido para usar quando for ao mercado e todos ficarão com inveja de mim".

Enquanto ela sonhava como seria sua vida, tropeçou em uma pedra e caiu, deixando também cair o jarro de leite que trazia em suas mãos. Todo o leite foi derramado e absorvido pela terra e com ele também os sonhos da camponesa.

2 Fevereiro

Narração

A lebre e o cão de caça

Um cão de caça perseguiu por um longo tempo uma lebre, porém ela era muito mais rápida e o cão, já cansado, deu-se por vencido.

Seu dono, ao vê-lo exausto, ridicularizou-o dizendo que a lebre era mais esperta e veloz.

O cão não deu ouvidos, pois o homem não entendia a diferença entre os dois: ele estava correndo para ter um jantar e a lebre para salvar a própria vida.

freepik.com

Narração

A mulher e a galinha

Uma mulher tinha uma galinha que todos os dias botava somente um ovo. Não satisfeita com este ovo, ela pensava em como fazer para que a galinha produzisse mais.

Decidiu, então, dar o dobro da ração que normalmente dispensava a galinha.

Porém, a partir desse dia, a galinha ficou gorda e preguiçosa e não botou mais ovo nenhum.

shutterstock.com/Memo Angeles

Narração

A arrogância da mula

Uma mula, ainda nova, vivia contando vantagem pelo fato de não trabalhar e ainda assim sempre receber muita ração, sentia-se privilegiada e comportava-se como se fosse mais importante que os outros animais.

Atingindo já certa idade, foi levada ao campo como um simples animal de carga.

Cansada de tanto caminhar com pesados cestos às costas, pensou desconsolada: “talvez tenha me iludido, afinal de contas, fui bem tratada quando nova, somente para ser um burro de carga quando convinha”.

freepik.com

Narração

A raposa e o macaco

freepik.com

Houve uma grande reunião na floresta para que os animais escolhessem um líder. O macaco, com umas cambalhotas e brincadeiras, impressionou os outros animais que o elegeram como o novo Rei.

A raposa ficou descontente, pois achava que o macaco vivia de aparências e, por isso, não tinha as qualidades para ser um bom líder.

Um dia, andando pela floresta, ela encontrou um pedaço de carne em uma armadilha. Correu até o macaco e disse que havia encontrado um presente que pertencia ao rei.

O macaco vaidoso, sem pensar, estendeu a mão para pegá-lo e ficou preso. A raposa, ao seu lado, deu uma gargalhada e provou aos outros animais que o macaco não cuidaria bem do reino, pois não sabia cuidar nem de si mesmo.

Narração

As árvores e o machado

Um homem foi à floresta pedir às arvores para que lhe doassem um cabo para seu machado novo. Em assembleia elas aceitaram seu pedido e cederam o tronco de uma jovem árvore.

No momento em que o homem arrumou seu machado, ele começou a usá-lo cortando as mais nobres árvores do bosque.

Um velho carvalho, observando a destruição, comenta: “cometemos um erro terrível, não respeitamos o direito à vida daquela jovem árvore e por isso perdemos, também, nosso direito de ficar de pé!”

freepik.com

Narração

O burro, a raposa e o leão

O burro e a raposa fizeram um acordo de que um protegeria o outro.

Porém, ao entrarem na floresta, a raposa deparou-se com um leão, rapidamente ela também lhe propôs um acordo: se ela o ajudasse a capturar o burro, o leão não lhe faria mal.

Promessa feita, a raposa disse para o burro se esconder em uma gruta até o leão ir embora.

O leão, ao ver que o burro já estava encurralado na gruta, deu um bote e agarrou a raposa.

Depois, quando sentiu fome novamente, voltou à gruta e atacou o burro.

freepik.com

Narração

As duas cabras

Duas cabras estavam em cima de uma montanha, separadas por um abismo. O único modo de cruzar de um lado para outro, seria, uma de cada vez, por um tronco de uma árvore caída.

Como queriam preservar seu espaço, por orgulho resolveram atravessar ao mesmo tempo o estreito caminho. No meio da travessia, quando se encontraram, começaram a se agredir com seus chifres.

Tentando provar quem seria a dona do território, nenhuma quis ceder caminho a outra, assim, acabaram as duas caindo no abismo.

freepik.com

Fevereiro 9

Narração

O burro e o homem

Um burro era conduzido por seu dono em uma trilha estreita na encosta de uma montanha, quando viu lá embaixo seu estábulo, cismou que deveria escolher seu próprio caminho a seguir. Preparou-se, então, para pular a encosta.

Quando o dono percebeu o que estava para acontecer, segurou o burro pela cauda com toda a sua força, tentando puxá-lo para a trilha.

Mas o animal teimoso fez birra e puxou ainda com mais força. Quando o condutor, sem forças, deixou que o burro descobrisse por si seu próprio caminho, o animal saiu rolando montanha abaixo.

freepik.com

A bela adormecida

shutterstock.com/Tomacco

Para a festa de batismo de uma bela princesinha foram convidadas como madrinhas as fadas. Porém o rei se esqueceu de convidar uma velha feiticeira e como vingança, ela lançou uma maldição: quando adulta a princesa espetaria o dedo em um fuso e dormiria profundamente por cem anos, até o dia em que seria despertada por um beijo de um príncipe.

O rei proibiu qualquer tipo de trabalho com fuso em todo o reino, mas em vão. Quando a princesa completou dezesseis anos, ela descobriu uma sala no castelo onde tinha uma velha a fiar. Curiosa, chegou mais perto e espetou o dedo no fuso, imediatamente caiu no sono e junto com ela, todo o castelo e o reino.

Cem anos depois, um príncipe ouviu falar da bela princesa que dormia, quando encontrou o castelo e a bela adormecida, ficou apaixonado. Então ele deu-lhe um beijo e imediatamente a princesa e todo o reino despertaram.

Narração

Narração

O burro em pele de leão

shutterstock.com/Pro Symbols

Um burro que andava pela floresta encontrou uma pele de leão. Resolveu, então, colocá-la em suas costas e assustar os animais que encontrava pelo caminho.

Estava se divertindo até que encontrou uma raposa e tentou amedrontá-la, então ela disse:

- Eu até teria me assustado se não tivesse ouvido sua voz.

Narração

O avarento

Um homem avarento tinha enterrado um pote de ouro em seu jardim. Todas as noites, antes de dormir, ia até lá e contava cada moeda.

Certa noite, um ladrão que o observava, roubou suas moedas de ouro.

Quando o homem descobriu, começou a lamentar-se. Nesse momento passou um amigo e disse que ele deveria ter guardado o ouro em um outro lugar mais seguro dentro de casa, onde ficaria mais fácil de pegá-lo caso precisasse.

O homem avarento, então disse que não tinha intenção de gastar nem uma moeda daquele ouro. Ouvindo isso, o amigo jogou uma pedra dentro do buraco onde o ouro estava e disse que se não era para ser usado, a pedra teria o mesmo valor.

shutterstock.com/Top Vector Studio

Narração

O cão raivoso

Um cão costumava atacar de surpresa e morder os calcanhares de quem encontrasse pela frente. Para alertar as pessoas, o dono pendurou um sino em seu pescoço.

O cachorro caminhava pela rua orgulhoso de seu sino, como se fosse um troféu.

Um velho cão, ao ver o sino, explicou que ao contrário do que ele pensava, o sino era um aviso para que todos o evitassem, pois era um animal perigoso.

Narração

freepik.com

O cachorro, o galo e a raposa

Um galo e um cachorro andavam juntos pela floresta. Chegada a noite, resolveram se abrigar em uma árvore; o galo acomodou-se em um galho e o cachorro deitou-se em um espaço oco do tronco.

Quando o dia amanheceu, o galo cantou chamando a atenção de uma raposa que passava. Aproximando-se da árvore, ela disse que queria conhecer mais de perto o dono daquela bela voz.

O galo então falou para a raposa chegar perto da árvore e pedir ao porteiro para deixá-la subir.

Ao fazer o que o galo havia dito, o cachorro atacou a raposa afugentando-a para longe.

Narração

O burro e sua sombra

Um viajante alugou um burro de carga para levá-lo a uma localidade distante. Iam os três, o animal, o viajante e o dono do burro, até que o viajante resolveu parar para descansar e se refrescar, pois o dia estava muito quente. Então procurou abrigo à sombra do burro.

Entretanto, o dono do animal também queria ficar ali, então começaram uma discussão entre os dois.

O burro, percebendo que nenhum dos dois estava prestando atenção ao que ele fazia, fugiu em disparada.

freepik.com

O boi e a rã

Um boi, ao beber água em um riacho, acidentalmente pisou em cima de uma rã. Tempo depois, uma delas, ao dar falta da amiga, perguntou para as outras o que havia acontecido.

Uma delas lhe explicou que um animal enorme havia esmagado a amiga.

A rã, brava, começou a inchar e perguntou se esse animal era maior do que ela estava naquele momento.

- Pare de inchar – disse a outra rã. – Por mais que tente, você nunca conseguirá ficar do tamanho daquele boi.

shutterstock.com/466396955

Narração

O cego e o filhote de lobo

Um homem, cego desde seu nascimento, possuía o dom de reconhecer todos os tipos de animais, quando tocava neles.

Um dia colocaram um filhote de lobo em seu colo, para que ele dissesse que tipo de animal era.

Ele tocou o animal, mas ficou em dúvida e falou:

- Não tenho certeza se é um filhote de lobo ou de raposa, mas tenho a convicção de que ele jamais seria bem-vindo entre as ovelhas.

freepik.com

Narração

O burro e o velho pastor

shutterstock.ccm/Steinar

Um pastor descansava tranquilo com seu burro à sombra de uma árvore. De repente escutou o barulho de uma tropa de cavalos. Não sabendo se seriam amigos ou ladrões, o pastor subiu no burro e lhe pediu para fugirem o mais rápido possível.

O burro então fala:

- Senhor, por que eu deveria ter medo do inimigo? Ele não poderá me fazer carregar mais peso do que já carrego todos os dias!

Dito isso o pastor ficou envergonhado.

Narração

Branca de Neve

Era uma vez uma princesa chamada Branca de Neve, sua madrasta tinha inveja dela por causa de sua beleza.

Um dia, perguntando ao seu espelho mágico quem era a mais bela do reino, ele lhe respondeu que era Branca de Neve. Imediatamente ela mandou que um caçador abandonasse a enteada na floresta.

Procurando por abrigo, Branca de Neve encontrou a casa dos sete anões que a convidaram para morar com eles.

Quando a madrasta descobriu que a jovem ainda estava viva, disfarçou-se como uma velha senhora e envenenou uma maçã que ofereceu a Branca de Neve. Ao dar a primeira mordida, ela desmaiou, caindo em um sono profundo.

Os anões ficaram muito tristes e cuidaram dela até o dia que o príncipe encantado apareceu, e lhe deu um beijo que quebrou o feitiço.

Desde então eles vivem felizes.

freepik.com

Narração

O cavalo e seu tratador

Um empregado de uma cocheira passava várias horas por dia escovando o pelo de um cavalo. Como parecia tão zeloso, todos acreditavam que ele era gentil e se preocupava com o bem estar do cavalo.

Porém, tudo isso era somente aparência, diante de todos acariciava o animal, mas enquanto ninguém estava vendo, roubava uma parte de sua ração e a vendia.

Um dia o dono do animal percebeu que se o empregado gostasse mesmo do cavalo, cuidava menos de seu pelo e o alimentava mais.

shutterstock.com/nem4a

Fevereiro 21

Narração

O carvalho e os juncos

shutterstock.com/GraphicsRF

Em um dia de vendaval um carvalho enorme é arrancado do chão pela força do vento e arrastado rio abaixo.

Levado pelas águas, ele passa por alguns juncos se lamentando e fala que gostaria de ser frágil como eles e, assim, não ser afetado pelo vento.

Eles lhe respondem:

- Você não pode lutar contra o vento, pois ele é mais forte. Se tivesse se curvado perante ele ainda estaria a salvo.

O cavalo e o lobo

Narração

Um lobo, saindo de um campo de aveia, encontrou um cavalo. Ele então lhe contou que naquele campo tinha os melhores grãos de aveia já vistos, eram deliciosos e que ele tinha guardado todos para o cavalo porque era seu amigo. Tudo o que precisava fazer era ir até o campo de aveia.

Foi então que o cavalo respondeu:

- Pode até ser que naquele campo tenha os melhores grãos de aveia, mas não me arrisco a confiar na palavra de um lobo.

freepik.com

Narração

O corvo e o jarro

Um corvo, procurando por água, avistou um jarro durante o voo. Mas quando chegou até lá, descobriu que não conseguiria alcançar a pouca água que tinha dentro, pois seu bico era muito curto.

Tentou de tudo, mas não conseguiu beber a água. Até que percebeu algumas pedrinhas ao lado do jarro.

Ao jogá-las dentro, o nível da água começou a subir até que ficou ao alcance de seu bico.

shutterstock.com/Glowonconcept

O faisão vaidoso

Narração

Um dia, as aves resolveram escolher qual seria a mais bela da floresta. Uma gralha, que tinha consciência de sua feiura, saiu procurando penas caídas das asas de outras aves. Juntou e colou algumas em cima de sua plumagem.

No dia da escolha, todos os pássaros se apresentaram e a gralha desfilou com lindas penas como se fosse um gracioso faisão.

Quando as outras aves viram o que a gralha tinha feito, cada uma arrancou dela a pena que lhe pertencia. Assim, a gralha voltou a ser o que sempre foi.

shutterstock.com/Nyamol Ds

Narração

O lobo e o cordeiro

Um pequeno cordeiro deparou-se com um lobo faminto. Então, como sabia que seria devorado, pediu um último favor: que o lobo tocasse sua flauta para ele poder dançar.

O lobo concordou, mas enquanto tocava para o cordeiro, os cães de guarda do pasto vieram e o afugentaram-no para longe.

O lobo então pensou: “isso é o que eu mereço, sou um predador e não um músico que serve para agradar a sua presa”.

shutterstock.com/Natalia Mikhaleva

26 Fevereiro

Narração

O galo e a pedra preciosa

freepik.com

Um galo, ao ciscar o terreiro em busca de comida, encontra uma pedra preciosa de grande beleza e valor.

Entretanto, depois de observar a pedra pensa desolado: “se fosse outro a encontrar pedra tão valiosa, não iria se conter de alegria, porém a mim não tem serventia nenhuma. Antes fosse um simples grão de milho”.

E sai ciscando em busca de comida.

Narração

O galo e a águia

Dois galos disputavam o direito de comandar o galinheiro. Por fim, um põe o outro para correr e é proclamado vencedor.

O galo derrotado encostou-se a um canto do galinheiro, já o vencedor, todo vaidoso, voou até o alto da cerca, cantou e bateu suas asas.

Uma águia que buscava por comida, lançou-se sobre o galo e o levou em suas poderosas garras.

O galo derrotado, então saiu de seu canto e reinou absoluto no galinheiro, agora livre de concorrência.

freepik.com

Narração

O gato e o galo

Um gato faminto capturou um galo e pensava em uma desculpa para poder devorá-lo. Disse, então, que ele causava aborrecimento aos homens, porque cantava à noite e não deixava ninguém dormir.

O galo se defendeu dizendo que ao cantar fazia um bem ao homem, porque assim podiam acordar cedo para não perder a hora do trabalho.

O gato concordou que o galo até poderia ter alguma razão, mas ele não ficaria sem o seu jantar.

freepik.com

Narração

Cachinhos dourados e os três ursos

shutterstock.com/Anton Brand

Uma menina loira chamada Cachinhos Dourados se perdeu na floresta, enquanto caminhava ela encontrou uma casa e resolveu entrar para descansar.

Dentro da casa ela viu uma mesa com três cadeiras, arrumada com três pratos; ela então se sentou na cadeira menor e comeu o mingau que estava no pratinho. Andando pela casa, ela encontrou três camas e, cansada resolveu deitar na menor e adormeceu.

Nesse momento os ursos donos da casa chegaram. O ursinho menor comentou que alguém havia comido seu mingau, e andando até seu quarto encontrou Cachinhos Dourados.

Com toda a confusão a menina acordou e tentou fugir, mas o papai urso a segurou. Eles tiveram uma boa conversa e Cachinhos Dourados prometeu nunca mais mexer naquilo que não era seu.

Narração

João e Maria

Um dia João e Maria foram passar o dia com seu pai na floresta. Como queriam acender uma fogueira, os irmãos saíram para procurar lenha; Maria até marcou a trilha com migalhas de pão, mas acabaram sendo comidas pelos pássaros e, por isso, os dois se perderam.

Andando pela floresta, as crianças encontraram uma casa feita de doces, então começaram a comer as guloseimas. Nesse momento a bruxa, dona da casa, convidou-os para entrar, e não deixou que voltassem para casa. Ela prendeu João, enquanto Maria trabalhava nos afazeres domésticos.

Certo dia, Maria conseguiu enganar a bruxa e a jogou dentro do forno. Assim, livres, os irmãos correram para a floresta, foram encontrados pelo pai e voltaram para casa.

freepik.com

Narração

O javali e a raposa

Um dia, um javali estava afiando suas presas ao roçá-las em um tronco de árvore. Passava por ali uma raposa que, com ar de descaso, perguntou:

- Por que você está fazendo isso, se não há perigo nenhum nesse momento?

O javali respondeu:

- Você está certa, mas quando o perigo aparecer não terei tempo para me preparar e poderei sofrer as consequências de ter sido descuidado.

freepik.com

3 Março

Narração

O agricultor e a cegonha

Um bando de garças convidou uma cegonha ingênua para ir a um campo recém-semeado. Porém todo o bando foi capturado pelo agricultor que havia colocado uma armadilha.

A cegonha então pediu ao agricultor para deixá-la ir, pois era um animal conhecido por sua honestidade, e tinha sido enganada pelas garças.

O agricultor lhe respondeu que ela até podia ser um bom pássaro, mas naquele momento ela estava entre amigas e todas fizeram algo que não era certo.

shutterstock.com/filkusto

Narração

O leão e os três touros

Por um longo tempo, um leão observou três touros que pastavam, na esperança de fazer um deles de jantar.

Porém, como eles estavam sempre juntos, o leão não se atrevia a incomodá-los. Passado algum tempo, ele então tentou criar algum problema entre eles para que se separassem.

Os touros, percebendo a estratégia do leão, andaram ainda mais unidos, pois sabiam que dessa forma estariam seguros.

freepik.com

5 Março

Narração

freepik.com

O lobo e a garça

Certo dia, um lobo se engasgou com um osso de galinha. Então contratou uma garça por certa quantia de dinheiro, para que ela, com o longo bico, retirasse o osso de lá. Depois de terminado, a garça cobrou pelo trabalho, mas o lobo, rosnando ferozmente, exclamou:

- Ora, você foi mais que recompensada quando permiti que sua cabeça saísse a salvo de dentro de minha boca.

A garça, mesmo sentindo-se enganada, foi embora.

Narração

O leão, o urso e o cervo

Um leão e um urso iam à busca de um cervo. Ao encurralarem o animal em uma encosta, passaram a brigar entre eles pelo direito de posse da presa.

Após terem lutado, cansados e feridos, caíram ao chão completamente exaustos.

Nesse momento perceberam o erro que cometeram, brigaram entre si enquanto o cervo fugiu despreocupado.

freepik.com

7 Março

Narração

O pastor de ovelhas e o leão

shutterstock.com/485200147

Certo dia, um pastor sentiu falta de algumas de suas ovelhas. Muito bravo e arrogante, disse que gostaria de pegar o responsável por aquilo, achando que fosse um lobo que vira andando ali por perto.

Após procurar e não encontrar lobo nenhum, o pastor passou em frente a uma grande caverna de onde saiu um leão com fiapos de lã em sua barba.

O pastor, então, se arrependeu de tamanha arrogância e com medo do leão, desejou não ter falado nada.

Narração

O leão, o asno e a raposa

freepik.com

Caçavam juntos um leão, um asno e uma raposa. Após conseguirem uma grande quantidade de comida, o leão pediu ao asno que fizesse a partilha. Este, querendo ser justo, dividiu tudo em três partes iguais.

O leão não ficou satisfeito e expulsou o asno dizendo que ele não sabia como deveria ser feita a divisão, então pediu à raposa para que fizesse isso.

A raposa, temendo o que poderia acontecer, rapidamente fez um monte enorme com quase toda a caça, e pôs em frente ao leão, para si pegou apenas algumas partes insignificantes.

Naquele dia, ela foi embora de estômago roncando, mas aprendeu que com animal mais forte e desonesto não valia a pena brigar, nem fazer acordos.

9 Março

Narração

O lobo e a ovelha

Um lobo, que tinha sido machucado por cães de caça, repousava em sua toca.

Como estava com fome, chamou uma ovelha que ia passando e pediu-lhe um pouco de água.

A ovelha então respondeu:

- Claro que poderia ajudá-lo, porém ao fazer isso, você estaria recuperado e com forças para conseguir caçar qualquer ovelha igual a mim.

freepik.com

Narração

O leão e o lobo

Um lobo havia roubado uma ovelha e a levava para longe do curral, quando um leão cruzou seu caminho e lhe tomou o animal.

O lobo, mantendo uma distância segura do leão, falou que a ovelha pertencia a ele por direito.

O leão, em tom irônico, respondeu:

- Como pertence a você? Por acaso você comprou ou ganhou a ovelha do pastor?

O lobo então abaixou a cabeça e saiu andando.

freepik.com

Narração

Rapunzel

shutterstock.com/Angela Sbandelli

Um homem fez um acordo com uma bruxa, dona de um pomar, que em troca de alguns frutos para sua esposa grávida, ele lhe daria o bebê quando nascesse. Assim foi feito, e quando Rapunzel completou doze anos, a bruxa a trancou em uma torre.

A menina foi crescendo e sempre que a bruxa queria subir a torre pedia que Rapunzel jogasse suas tranças.

Um dia, um príncipe que cavalgava pelo bosque, ouviu a jovem cantando. Encantado com sua voz, disse que queria conversar com Rapunzel, então ela jogou suas tranças e quando ele subiu apaixonaram-se.

No momento em que a bruxa descobriu, cortou as tranças de Rapunzel e a mandou para o deserto. Quando o príncipe chegou para visitar a jovem, a bruxa o empurrou da torre, ele caiu machucando os olhos nos espinhos.

Separados, os dois viviam tristes procurando um pelo outro. Um dia, o príncipe ouviu uma bela voz e correu para os braços de Rapunzel, que chorava. Suas lágrimas acabaram curando o príncipe, eles ficaram juntos e felizes.

Narração

O lobo, o cabrito e a cabra

shutterstock.com/estyan

Um dia, mamãe cabra foi ao mercado e deixou seu cabritinho cuidando da casa. Ela havia dito para não abrir a porta para ninguém a menos que dissesse a frase secreta: "Quero distância dos lobos".

Um lobo, que estava por perto, ouviu o que a mamãe cabra havia dito; quando ela sumiu de vista, ele caminhou até a porta, bateu e repetiu as palavras da cabra.

Embora fossem as palavras secretas, o cabritinho desconfiou que não fosse sua mãe, pois ao espiar pela fresta da porta viu a sombra de uma figura estranha. Não se sentindo seguro, pediu que a visita mostrasse sua pata.

Ao perceber que a pata não era branca, como a das cabras, o cabritinho disse que fosse embora, pois não abriria a porta.

Nunca confie em estranhos!

13

Março

Narração

O morcego e a doninha

Um morcego desajeitado caiu no ninho de uma doninha, ela lhe disse que seria seu jantar porque gostava de ratos.

O morcego então falou que ele não era um rato, tinha asas e por isso era uma espécie de pássaro. A doninha o deixou ir embora.

Outro dia o morcego caiu no ninho de outra doninha, então ela lhe disse que ele seria seu jantar porque ele era um pássaro, sua comida preferida.

O morcego, percebendo que estava em apuros, disse que não era um pássaro, pois não tinha penas, mas que era um rato e odiava os gatos.

E com tamanha esperteza o morcego salvou sua vida pela segunda vez.

freepik.com

Narração

Os dois viajantes e o urso

Dois amigos andavam juntos pela floresta, quando a sua frente aparece um urso. Um deles, pensando em sua própria segurança, subiu em uma árvore.

O outro, como não podia enfrentar o urso sozinho, fingiu-se de morto. O urso se aproximou dele, o cheirou e foi embora.

O homem que estava em cima da árvore então desceu, e curioso disse que parecia que o animal tinha dito algo ao amigo.

- De fato, ele disse que não é nada sábio andar em companhia de um amigo que me abandona quando eu preciso.

Narração

O touro e a cabra

Para fugir de um leão, um touro entrou em uma caverna onde os pastores se abrigavam com seus rebanhos em dias de chuva. Como estava distraído, não percebeu que uma cabra estava ali.

Ela, achando-se dona do lugar, começou a bater com os chifres no touro que não entendia o porquê de tal agressão.

Então, em tom de alerta, o touro lhe disse que estava aguentando aquele tratamento porque o leão estava por perto, mas tão logo ele fosse embora, ele responderia à falta de educação da cabra.

Narração

O leão e o asno

Um asno e um leão combinaram de caçar juntos e traçaram um plano para pegar algumas cabras selvagens que estavam escondidas em uma caverna.

O asno então entrou e zurrou com toda a força. As cabras, assustadas com tamanho barulho, saíram correndo em direção à saída da caverna, sem perceber o leão que as aguardava.

O asno saiu da caverna orgulhoso do que tinha feito e o leão, então falou:

- Se eu não soubesse que era você, eu também teria ficado assustado!

freepik.com

Os meninos e as rãs

Narração

shutterstock.com/GraphicsRF

Uns meninos estavam brincando às margens de uma lagoa, eles atiravam pedras para que planassem em cima da água.

Porém nessa lagoa moravam algumas rãs que ficaram apavoradas com tamanho perigo e barulho.

Então uma delas, a mais velha e corajosa, decidiu que ia pedir para as crianças pararem com a confusão.

Não precisou falar nada, no momento em que ela colocou a cabeça para fora, foi a vez das crianças ficarem apavoradas e saírem correndo.

Narração

O pastor e as cabras selvagens

Um pastor, observando o mau tempo, levou suas cabras para se abrigarem em uma caverna. Lá dentro, encontrou outro rebanho de cabras ainda maior que o seu, porém estas eram selvagens.

O pastor, então resolveu tomar posse também do rebanho das cabras selvagens, deixou seus animais do lado de fora e deu às outras todo o alimento que havia comprado.

Quando o mau tempo passou, saindo da caverna, percebeu que suas cabras não tinham resistido à fome. E as cabras selvagens, habituadas à vida livre, fugiram para as montanhas.

Assim, o pastor ganancioso ficou sem nenhum dos rebanhos.

shutterstock.com/nomeko

Narração

O mosquito e o touro

Um mosquito voava ao redor da cabeça de um touro. Depois de um longo tempo, pousou em seu chifre e disse:

- Perdoe-me pelo incômodo que causo ficando aqui, se você quiser, posso ir embora.

Ao que o touro respondeu:

- Não vejo problema algum, não é nenhum incômodo. A verdade é que nem sequer percebi sua presença em meu chifre.

freepik.com

Março 20

Narração

Os viajantes e o tesouro

Dois homens viajavam juntos, quando um deles encontrou uma bolsa ao longo da estrada. Este então disse que tinha muita sorte de encontrar um tesouro.

Porém o companheiro responde que como estavam viajando juntos e eram amigos, deveriam dividir o tesouro. O "sortudo", porém, negou-se a dividir as moedas de ouro.

Logo em seguida, eles escutaram o barulho de homens correndo e gritando estrada abaixo: "Pega ladrão!".

O homem que havia encontrado a bolsa, com medo, diz para o amigo que estariam perdidos se os vissem com o tesouro. Não acreditariam que o haviam encontrado ali.

- Se bem me lembro, você disse que a bolsa era sua, então creio que você está perdido! – respondeu o outro.

shutterstock.com/Kakigori Studio

Narração

Festa no céu

Naquela noite todos os pássaros estavam felizes, porque teria uma festa no céu. Os outros animais estavam com inveja, pois não tinham sido convidados. Porém a tartaruga disse que também iria e sem ninguém perceber, escondeu-se dentro do violão do urubu.

A certa hora, ele pegou seu instrumento e voou para o céu. Chegando lá, a tartaruga não vendo ninguém por perto, pulou para fora e foi aproveitar a festa. Os outros pássaros ficaram surpresos ao vê-la, mas nenhum disse nada.

Quando a festa acabou, a tartaruga esgueirou-se para dentro da viola e esperou o urubu que a colocou nas costas e saiu voando. Em certo momento ele ouviu um barulho, percebendo a tartaruga, ele virou o violão e a deixou cair.

Quando ela caiu no chão, ela quebrou todo o casco, tendo um trabalhão para colá-lo novamente.

Narração

A galinha ruiva

Uma galinha ruiva morava com seus pintinhos em uma fazenda. Um dia percebeu que o milho estava pronto para ser colhido e com ele, ela poderia fazer um bolo.

Pediu a seus amigos se podiam ajudá-la. O gato, o cachorro, a vaca e o porco disseram que era muito trabalho. Então a galinha fez tudo sozinha.

Quando o bolo ficou pronto, os amigos sentiram aquele cheirinho gostoso e foram pedir um pedaço à galinha. Ela, meio brava, disse que aquele bolo era para seus pintinhos, pois quando pediu, ninguém se prestou a ajudar.

shutterstock.com/483944848

Narração

A lebre e a tartaruga

shutterstock.com/Artisticco

Uma lebre vivia caçoando da lerdeza de uma tartaruga. Um dia a tartaruga, cansada de ouvir as brincadeiras, desafiou a lebre para uma corrida.

A lebre, muito segura de si, aceitou prontamente.

Dada a largada as duas saíram, a lebre muito veloz e a tartaruga em seu caminhar lento, mas determinado.

A certa altura, a lebre não vendo a adversária, resolveu tirar um cochilo. Mas este durou muito tempo, quando ela acordou, viu que a tartaruga ia longe, cruzando a linha de chegada.

Narração

O lobo e a cabra

Uma cabra estava pastando em cima de um rochedo, quando um lobo a viu e disse:

- Dona cabra, a senhora corre perigo aí em cima! Desça, aqui é seguro e a comida é mais gostosa.

Então a cabra respondeu:

- Não precisa se preocupar comigo, senhor lobo! Tanto sei cuidar de mim, que acho mais seguro não ficar ao lado do senhor.

freepik.com

Narração

O gato, o galo e o ratinho

Um ratinho que vivia com sua mãe, saiu de casa pela primeira vez. Na volta ele contou sobre os bichos estranhos que havia encontrado.

Um deles era bonito, tinha um pelo macio e um rabo elegante, já o outro era um monstro horrível, parecia que tinha carne crua em cima da cabeça e embaixo do queixo que balançava quando ele andava, de repente os lados do corpo sacudiram e ele deu um grito tão apavorante que o ratinho saiu correndo.

A mãe então respondeu:

- Meu filho, jamais confie nas aparências! O que você achou um monstro era somente um galo inofensivo, enquanto o bicho elegante era um gato muito perigoso.

freepik.com

Narração

O cachorro e os bois

freepik.com

Um cachorro estava dormindo em um cocho cheio de feno. Os bois, voltando do trabalho no campo, se aproximaram para comer o feno, mas o cachorro não deixou que eles chegassem perto.

- Que egoísta esse cachorro, não gosta de feno e não nos deixa comer! – disse um dos bois.

Nisso apareceu o fazendeiro, e vendo aquilo enxotou o cachorro do estábulo.

Narração

O cavalo descontente

Um cavalo nunca estava contente com sua vida. No inverno, época em que não precisava trabalhar, reclamou de saudades da primavera porque queria comer seu alimento fresco. Estando na primavera, tinha seu pasto fresco, mas reclamou porque era época de colheita. No verão o trabalho só aumentou e ainda fazia muito calor; então ele esperou ansiosamente pelo outono. Mas quando este chegou, ele teve que carregar lenha para que seu dono estivesse preparado para o inverno. Finalmente chegando o inverno, o cavalo pôde descansar e então compreendeu como tinha sido ilusão ficar esperando por um tempo futuro. É melhor viver o momento presente a gerar expectativas que podem não acontecer.

shutterstock.com/Cory Thoman

Narração

A corrida de sapos

shutterstock.com/Nyamol Ds

Em uma tarde de verão aconteceu uma corrida de sapos. Eles tinham que subir uma grande ladeira, onde uma multidão os observava e entre eles comentavam que os sapinhos não conseguiriam.

Dito e feito, um a um os sapinhos foram desistindo da corrida. No final sobrou apenas um sapinho que cruzou a linha de chegada.

Todos foram perguntar como ele tinha conseguido, então descobriram que ele era surdo!

O gato vaidoso

Narração

Nasceram de uma ninhada dois gatos iguaizinhos em aparência, porém diferentes na sorte. Um deles passou a morar dentro de casa, com regalias como leite fresco e carinho de sua dona, enquanto o outro ficou do lado de fora, fuçando no lixo os restos que sobrava.

Certo dia, os dois se encontraram no telhado, então o gato vaidoso mandou que o outro saísse, pois ele era nobre.

O gato de rua, então, respondeu:

- Menos arrogância, caro amigo! Igualzinho a mim você mia, tem pelos e um rabo, e ainda caça e come ratos. Como você pode ver, a única diferença que temos é a sorte!

freepik.com

Narração

João e o pé de feijão

Um menino chamado João foi à cidade vender a vaquinha que possuía e trazer o que estava faltando em casa. Porém, na cidade, ele encontrou um homem que o convenceu a trocar sua vaquinha por feijões, pois eram mágicos.

Quando chegou à casa, a mãe de João ficou furiosa e jogou as sementes pela janela. Na manhã seguinte, o menino ficou espantado quando viu um pé de feijão que ia até o céu. Decidiu subir. Ele ficou maravilhado ao ver, lá em cima, um castelo entre as nuvens. Também encontrou uma galinha que botava ovos de ouro e uma harpa.

Mas no castelo vivia um gigante. Então, enquanto ele dormia, João aproveitou para pegar a galinha e a harpa. Porém, quando ia saindo as duas começaram a fazer barulho, acordando o gigante.

shutterstock.com/sababa66

João então desceu rapidamente e quando chegou ao chão, pegou o machado e cortou o pé de feijão, prendendo o gigante lá em cima.

Desde então, ele e a mãe viveram felizes, sem passar necessidade.

Narração

A gralha e o sabiá

freepik.com

Uma gralha e um sabiá discutiam, queriam provar quem tinha a voz mais valiosa. Propuseram então um concurso e chamaram o senhor burro como juiz.

O sabiá começou com uma cantoria suave e melodiosa agradando a toda plateia. Logo depois foi a vez da gralha, ela se preparou, e ao abrir o bico soltou um forte grasnado de machucar os ouvidos.

Terminado o concurso, o burro, que não entendia nada de música, disse que o vencedor era a gralha, e justificou que ela cantava mais forte.

Narração

A cobra e o pirilampo

freepik.com

Certa vez, uma cobra começou a perseguir um pirilampo, ele já não sabendo mais a qual estratégia recorrer, então parou e fez três perguntas a ela.

A primeira, era se o pirilampo pertencia à cadeia alimentar das cobras, a segunda, se o pequeno animal lhe havia feito algum mal e finalmente, por que ele estava sendo perseguido.

Então a cobra respondeu:

- Definitivamente, cobras não comem pirilampos e você não me fez mal algum, mas te persigo porque não suporto ver você brilhar.

Narração

A princesa e o sapo

shutterstock.com/bellerebelle_n

Era uma vez uma jovem princesa. Um dia, ela estava brincando com sua bola de ouro perto de um riacho e, sem querer, deixou que caísse na água. Um sapinho viu que a menina chorava, então decidiu ajudá-la, mas em troca, queria morar junto com a princesa.

Para ter seu brinquedo de volta, a princesinha aceitou, mas quando o sapo trouxe sua bola, ela saiu correndo para casa.

No dia seguinte, durante o almoço, ouviram batidas à porta e uma vozinha que pedia para a princesa cumprir sua promessa. O rei, ouvindo tudo, pediu que a princesa se explicasse e então, cumprisse o que havia prometido.

O sapinho e a princesa passaram a conviver juntos e tornaram-se amigos. Um dia, ele ficou doente e a princesinha, com pena, deu-lhe um beijo. Para seu espanto, o sapo transformou-se em um príncipe, e explicou que havia sido enfeitiçado por uma bruxa.

A partir de então, viveram felizes.

O pavão e a garça

Um pavão, muito orgulhoso, sempre desfilava suas belas plumas pela floresta se dizendo a ave mais bonita. Os outros pássaros, cansados de tanto exibicionismo, resolveram fazer um concurso onde o jabuti escolheria a ave mais bela que voasse pelo céu.

No dia do concurso, todas as aves se apresentaram, por último desfilou o pavão, porém quando ele tentou voar, não conseguiu, pois era muito pesado.

Ele então perdeu o concurso e entendeu que beleza não é suficiente para todos os desafios da vida.

Narração

A sabe tudo

Todos os habitantes da floresta, quando tinham alguma dúvida ou questionamento, recorriam à tartaruga, e ao longo do tempo, ela passou a ser carinhosamente chamada de a Sabe-tudo.

Os animais tinham curiosidade sobre assuntos diferentes: "Dona Sabe-tudo, pra que lado fica o litoral?". "Como é o nome daquela estrela?". "Por que o diamante é tão raro?". E a tartaruga, pacientemente, se dispunha a ensinar.

Passados alguns anos, ela começou a ficar exigente e crítica demais com seus amigos e por isso, passou a ser evitada por todos, e foi então que começou a se sentir sozinha.

Demorou um pouco, mas ela percebeu que sem a modéstia de antes, seu conhecimento seria inútil, pois não seria repartido com os outros.

shutterstock.com/Lilu330

Narração

Os burros

Um lavrador tinha dois burros, e para que não fugissem os amarrou às extremidades de uma corda.

Depois de um tempo, os dois começaram a sentir fome, olhando em volta viram grandes montes de feno, porém, como cada um puxava para um lado, nenhum conseguiu chegar perto da comida.

Então, os dois sentaram-se desanimados, até que um deles começou a observar e pensar “não alcançamos porque fomos cada um até um monte de feno diferente, mas e se fôssemos até o mesmo monte?”.

Perceberam, assim, que juntos poderiam comer o quanto quisessem.

freepik.com

Narração

O urso e as abelhas

Um dia, um urso estava farejando em um tronco onde as abelhas fizeram sua colmeia. Uma delas, vindo do campo, deparou-se com o animal raspando o tronco; então resolveu dar-lhe uma ferroada para ensinar uma lição.

O urso, porém, ficou furioso e começou a dar patadas mais fortes no tronco.

As abelhas, querendo defender sua casa, saíram voando e dando ferroadas no urso.

Para se salvar, ele pulou em uma lagoa e ficou lá por um longo tempo esperando as abelhas voltarem para a colmeia.

shutterstock.com/andrewshka

Narração

O leão, o lobo e a raposa

O leão, rei da floresta, já estava ficando velho, porém ainda era muito respeitado. Todos os animais já tinham ido visitá-lo, menos a raposa. O lobo, que não gostava da raposa, ofereceu-se para buscá-la.

Ao encontrar a raposa, ele a levou ao leão. Porém no caminho, ela já estava formulando um plano, pois não tinha gostado da atitude do lobo.

Ao chegar perto do leão, disse que não tinha ido visitá-lo ainda, pois estava procurando uma solução para sua idade avançada. Então disse, que se ele quisesse viver mais, deveria usar uma pele de lobo bem quentinha nas costas.

Ao ouvir isso, o lobo saiu correndo e não voltou por um bom tempo.

freepik.com

Narração

O rei dos macacos e os dois homens

shutterstock.com/661444504

Dois homens estavam perdidos na floresta e depois de terem caminhado por um bom tempo, chegaram ao reino dos macacos. Imediatamente, foram levados ao rei. Ele então lhes perguntou como os macacos eram vistos pelo homem.

Um deles disse que na terra dos macacos, eles deveriam ser respeitados porque eram autoridades. O outro, que não tinha jeito com as palavras, disse que eram animais e assim deveriam ser tratados.

Ouvindo isso, o rei ordenou que o mandassem embora, e tratassem muito bem o primeiro homem, pois este os respeitava.

Narração

O cavalo e o leão

Vendo um cavalo pastando, o leão pensava em uma maneira para atacá-lo. Decidiu falar que era médico e que poderia examiná-lo.

O cavalo entendeu a situação, então disse que tinha uma dor em uma das patas.

O leão aproximou-se para olhar, nesse momento o cavalo ergueu a pata e lhe acertou um coice, fazendo com que ficasse tonto.

Quando o leão percebeu o que havia acontecido, o cavalo já fugia longe.

freepik.com

O cavalo e o asno

Narração

Um cavalo, todo enfeitado com os arreios de fitas e ouro, seguia pelo caminho levando seu dono, quando encontrou um asno carregado. Muito arrogante, mandou que o animal saísse de sua frente.

O asno, sem dar importância ao cavalo, deu passagem e continuou andando em seu ritmo.

Dias depois, o cavalo machucou a pata e começou a mancar. O dono então tirou os arreios enfeitados e o colocou para carregar pesados sacos de mantimentos.

Passando pelo asno, este fala:

- Onde está todo o seu orgulho, caro amigo? Agora, pelo que percebo, temos uma vida bem parecida.

shutterstock.com/Igor Zakowski

Narração

freepik.com

O rato e a doninha

Uma doninha já estava velha e cansada para caçar, então usava da esperteza para pegar sua comida, quando tinha fome enfarinhava-se toda e ficava em um canto esperando pelos ratos.

Porém um deles, mais velho e experiente, sabia da estratégia da doninha e um dia, de longe disse:

- Você é esperta, cara amiga, mas só pega aqueles que são mais novos e não têm experiência.

Narração

Os três carneiros

Três carneiros estavam andando pela floresta, de repente um deles, o maior e mais velho, saiu correndo em disparada.

Os outros dois começaram a rir da atitude do companheiro, que já longe gritou explicando:

- Não percebem que um leão está nos observando! Sempre quando caçam, escolhem o maior, como já estou longe, ele vai correr atrás de um de vocês!

shutterstock.com/GraphicsRF

Narração

Robin Hood

Na época das Cruzadas, o bom rei chamado Ricardo Coração de Leão, foi lutar por seu povo e deixou o irmão em seu lugar, porém o novo rei era cruel e cobrava muitos impostos.

Tentando recuperar o dinheiro, Robin Hood, um jovem fora da lei, interceptava o carregamento dos impostos e distribuía as moedas de ouro entre a população.

Um dia, Robin e seus amigos encontraram um homem maltrapilho e faminto perdido na floresta. Eles lhe ofereceram casa e comida. Depois explicaram como era perigoso caminhar sozinho na floresta por causa do novo rei.

Para sua surpresa, esse homem era, na verdade, o rei Ricardo que estava voltando para casa. Ele prendeu seu irmão e cuidou para que não faltasse mais nada para seu povo.

freepik.com

Narração

A raposa e o lenhador

Uma raposa corria para fugir dos caçadores, em seu caminho encontrou um lenhador e lhe pediu ajuda. Ele então lhe disse que poderia esconder-se atrás de uma árvore.

Chegando perto, os caçadores perguntaram ao lenhador do paradeiro da raposa. Ele lhes respondeu que não tinha visto nenhum animal passar por ali, porém com gestos apontava para a árvore onde ela estava. Os caçadores não entenderam o significado dos gestos e foram embora.

A raposa então saiu do esconderijo e estava indo embora, quando o homem disse que ela lhe devia um agradecimento.

Ela então respondeu que foi salva pela sorte, pois se dependesse da vontade do lenhador, não estaria mais viva.

freepik.com

Narração

Os dois burros e sua carga

shutterstock.com/Zhanna Smolyar

Dois burros caminhavam um ao lado do outro. Um, muito vaidoso, carregava uma carga com moedas de ouro e outro, humilde, uma carga de aveia.

Surgiram dois bandidos que foram em direção à carga valiosa, machucando o burro ao pegar o dinheiro.

Vendo tudo, o animal humilde então disse:

- Prefiro minha carga, pode até não ser de tanto valor, mas também não me representa perigo nenhum.

Narração

A águia e a coruja

shutterstock.com/Denis Davydov

Quando nasceram seus filhotinhos, a coruja pediu a águia para que não os comesse. Ela concordou, mas não sabendo onde era o ninho da coruja perguntou como poderia saber quem eram os filhotes.

A coruja disse que seria fácil de reconhecer, pois eram os mais belos filhotes da floresta.

Caçando, a águia encontrou um ninho cujos filhotes lhe pareceram feinhos, quando ia pegar o primeiro em seu bico, a coruja chegou cobrando o acordo que tinham feito.

A águia então se desculpou pelo engano, mas para ela, aqueles filhotes eram os mais feios que já tinha visto.

Narração

As pombas e o falcão

shutterstock.com/SofiaV

As pombas, cansadas de serem maltratadas pelo milhafre, foram pedir ajuda a um falcão.

Ele aceitou defendê-las, porém começou a tratá-las muito pior. Vendo que a situação havia piorado, uma das pombas falou:

- Da próxima vez que formos pedir ajuda, devemos observar a quem recorrer, para não deixar a situação ainda mais complicada.

O veado, o lobo e a ovelha

Narração

Um veado, que tinha fama de mentiroso, cobrou da ovelha certa quantidade de trigo. A ovelha sabia que não lhe devia nada, pois tinha o costume de sempre pagar suas dívidas, mas como ele estava acompanhado do lobo, ela disse que iria arrumar uma forma de lhe pagar.

O veado então foi embora, esperando o dia do pagamento.

Porém, quando eles se reencontraram sem o lobo estar presente, a ovelha disse que não lhe devia trigo nenhum, ela era honesta e não pagaria a um mentiroso a conta que não devia.

Narração

As aves e o morcego

As aves menores sempre foram maltratadas pelos outros animais. O morcego, cansado de sofrer, aliou-se ao inimigo, então ficava voando por cima dos animais de quatro patas.

A águia, revoltada com o que via, ajudou as aves e estas acabaram conquistando o respeito dos outros animais.

Porém, resolveram dar uma lição ao morcego, que as abandonou quando precisavam de ajuda, disseram que dali em diante ele deveria viver isolado e sempre às escuras.

freepik.com

Narração

O burro e o mercador

shutterstock.com/askib

Um comerciante ia para a feira, como precisava levar sua mercadoria, carregou-a toda em seu único burrinho.

O pobre animal mal podia suportar todo o peso em suas costas e, por isso, andava bem devagar, a contragosto de seu dono.

Durante a feira, o dono foi vendendo, negociando suas mercadorias e comprando o que precisava. Tudo novamente seria levado pelo burrinho. Porém, na volta, já cansado da distância da viagem e do peso que carregava, o burrinho chegou à casa doente.

Então sobrou para o dono ganancioso fazer todo o trabalho de casa e ainda levar e trazer as mercadorias para a cidade.

Narração

Pinóquio

Um carpinteiro chamado Gepeto fez um boneco de madeira e lhe deu o nome de Pinóquio.

No dia seguinte, Gepeto mandou Pinóquio à escola. Ao passar pela praça, ele viu um teatro de bonecos, então se juntou a eles e ao final do espetáculo ganhou algumas moedas. Porém, mais adiante, ele foi roubado por dois ladrões. Chorando, ele encontrou a fada azul, e lhe disse que não tinha casa e nem pais. A fada percebeu que Pinóquio mentia e fez seu nariz começar a crescer. Desesperado, ele pediu desculpas e disse que não mentiria outra vez.

Chegando à casa, não viu Gepeto, então saiu para procurá-lo perto da praia. Ele acabou caindo no mar e foi engolido por uma baleia, e lá dentro encontrou Gepeto. Quando a baleia abriu novamente a boca, eles fugiram. Voltando para casa, a fada recompensou Pinóquio por sua coragem e lhe transformou em menino.

freepik.com

Narração

O burro e o leão

Um burro, ao encontrar o leão em um caminho, disse-lhe que os animais o temiam e para comprovar isso, subiu em cima de uma pedra e zurrou. Fugiram lebres, coelhos e algumas raposas que estavam ali perto.

O leão, olhando a cena, disse que fugiam dele somente os animais fracos e indefesos que tinham medo do barulho que o burro fez.

Ele, ao contrário, era capaz de causar temor ao animal mais valente, somente com o boato de sua chegada.

Narração

O pescador e o peixe

Um pobre pescador, depois de passar um longo tempo à beira do rio, havia pescado somente um pequeno peixe. Lamentou-se da falta de sorte, porque seu sustento dependia do que pescava.

Um amigo, que havia chegado, aconselhou-o a devolver o peixe à água, para pescá-lo quando crescesse.

Ele, então, respondeu que embora o peixe fosse pequeno, era melhor que nada.

shutterstock.com/Vector Tradition SM

Narração

O velho, o rapaz e o burro

shutterstock.com/Aga Es

Um velho e seu filho iam ao mercado para vender um burrinho. Passando por algumas pessoas, comentaram "o que faziam que não estavam montados no burro!". Então o velho mandou o menino subir no animal.

Andando, mais adiante, ouviram outro comentário "esse menino não aprendeu a respeitar os mais velhos", trocaram de lugar o velho e o menino. Andando mais um pouco, ouviram novamente "uma pobre criança andando, e o adulto no conforto!".

O velho, já triste, não sabia mais o que fazer, pois queria agradar a todos e, no final, não agradou a ninguém. Então chegou a conclusão: é impossível satisfazer a todos.

Narração

O velho e o feixe de varas

Um homem, já envelhecido, tinha alguns filhos que passaram a brigar entre si. Um dia chamou-os e lhes entregou um feixe de varas. Pediu que cada um tentasse, com sua força, quebrá-lo, mas ninguém conseguiu.

Então o pai soltou o feixe e entregou uma vara para cada filho para que, dessa vez, tentassem quebrá-la. Todos conseguiram, sem exceção, inclusive o mais novo.

Depois disso, o pai lhes disse que o segredo estava na união. Eles deveriam ser como aquele feixe, que tendo as varas todas juntas, ninguém conseguiu quebrar.

shutterstock.com/Artisticco

A raposa e o leopardo

A raposa e o leopardo estavam descansando, depois de um farto jantar, estavam falando sobre aparências.

O leopardo dizia que tinha orgulho do seu pelo bonito e lustroso, já a raposa disse que de bonito tinha somente a cauda, e bom-senso de dizer que não era como o leopardo.

Quando ele já estava ficando cansado da conversa, a raposa então finalizou dizendo:

- Você pode estar bem-servido de aparência, mas teria mais serventia se fosse também bem-servido de algo dentro dessa cabeça, como eu.

freepik.com

Narração

O astrônomo

Um astrônomo costumava fazer passeios noturnos para observar as estrelas. Saía, então caminhando pelo campo olhando para o céu.

Certa vez, distraído, caiu dentro de um buraco e lá ficou pedindo por socorro. Um homem que passava por perto lhe disse:

- Meu bom amigo, sei que as estrelas são belas, mas não podemos esquecer de olhar também o que temos embaixo de nossos pés.

freepik.com

Narração

Os ladrões e o galo

shutterstock.com/cosmaa

Dois ladrões entraram em uma casa para roubar, como não encontraram nada de valor, resolveram roubar o galo que estava no quintal.

O galo inventou várias desculpas para não ser levado, disse até que era importante porque precisava acordar os donos pela manhã.

Os ladrões, então disseram que este era um bom motivo para ele ser roubado, pois sem ele em casa, seria mais fácil de entrar.

Narração

O caracol invejoso

Um caracol vivia reclamando de como era lento e precisava carregar sua carapaça para onde ia. Os outros animais diziam que para tudo há uma utilidade e uma razão, mas o caracol reclamava cada vez mais.

Um dia, caiu uma tempestade na floresta, os bichos já não sabiam mais onde se abrigar porque havia água para todo lado.

Foi então que o caracol descobriu a utilidade de sua carapaça, ao contrário dos outros animais, estava quentinho e seguro. Parou de reclamar e agradeceu pelo seu abrigo.

freepik.com

30 Abril

Peter Pan

Há uma lenda que diz que todas as crianças crescem, menos uma, Peter Pan. Ele vive na Terra do Nunca, um lugar onde há piratas e os Meninos Perdidos, amigos de Peter.

Um dia, junto com a fada Sininho, ele foi buscar, em Londres, seus amigos Wendy, Miguel e João. Quando chegaram à Terra do Nunca, logo viram o barco do Capitão Gancho, que começou a atacá-los.

Peter levou os amigos para seu esconderijo junto com Os Meninos Perdidos, onde Wendy costumava contar belas histórias para eles.

Porém o velho Gancho encontrou a árvore onde eles se escondiam, raptou os garotos e os levou para o barco. Peter voou para resgatá-los travando uma luta com o capitão.

No fim, Peter conseguiu libertá-los, e os meninos perdidos foram para Londres, junto com Wendy e seus irmãos.

Narração

A Bela e a Fera

freepik.com

Era uma vez uma linda jovem que morava com seu pai, ele era comerciante e, por isso, viajava pela vizinhança. Um dia, voltando de uma de suas viagens, viu um castelo com um jardim cheio de rosas, então resolveu levar uma para sua filha.

Porém, naquele momento apareceu o dono do castelo, uma Fera muito feia, e disse que ele não tinha permissão para pegar a flor, por isso ficaria preso no castelo.

Bela, sentindo falta do pai, saiu a sua procura e chegou ao castelo. Mesmo com muito medo da Fera, ela propôs trocar de lugar com seu pai, e assim aconteceu.

Com o passar do tempo, Bela e Fera foram se conhecendo, e nasceu uma bonita amizade entre os dois. Um dia, ela pediu se podia visitar o pai e ficou fora do castelo por alguns dias. Quando voltou, encontrou a Fera muito doente.

Muito triste, Bela disse que o amava e beijou seu o rosto, nesse instante, a Fera se transformou em um lindo príncipe. Ele lhe contou, que o amor que eles sentiam, quebrou o feitiço de uma bruxa e transformou a vida dos dois.

Narração

O passarinho e sua mãe

Chegada a hora, a mãe passarinho levou seus filhotinhos para aprenderem a voar. Cuidadosa, pediu que fosse um de cada vez, para que ela pudesse explicar e acompanhar.

Porém, sempre há um apressadinho que não escuta os conselhos da mãe. Achando que estava demorando demais, um dos passarinhos chegou à beira do ninho, abriu as asinhas, e num impulso cheio de coragem, pulou. Mas como não ouviu o que a mãe dizia, também não sabia direito o que fazer e caiu lá em baixo.

Todo machucado, começou a chorar e pedir socorro. A mamãe chegou perto dele e com todo o cuidado, o levou para o ninho. Então ele aprendeu a importância de escutar o que dizem os mais velhos.

shutterstock.com/Muhammad Desta Laksana

Narração

A princesa e as ervilhas

Dizia uma lenda, que para comprovar se uma menina era ou não uma princesa, deveria pôr ervilhas embaixo do colchão ao dormir. Se, na manhã seguinte, ela levantasse com marcas na pele, ela era mesmo uma princesa, porque tinha a pele muito delicada.

Em certo reino, o príncipe estava prestes a se casar com uma moça, que além de ser muito bonita, tinha o costume de ajudar as pessoas. Porém ela era pobre e, por isso, a mãe do príncipe achava que ele não tinha feito uma boa escolha.

Um dia, o príncipe cansado de ouvir reclamações de sua mãe, aproveitou que ia fazer uma viagem e convidou a jovem para ficar no castelo, para as duas se conhecerem melhor. Chegada a hora de dormir, a rainha levou a jovem ao quarto, e sem que ninguém soubesse, colocou as ervilhas embaixo do colchão.

Na manhã seguinte, a rainha teve uma surpresa, a jovem acordou toda cheia de manchas. Ela então aprendeu que não era o título que tornava uma pessoa boa ou não, mas o que ela trazia em seu coração.

shutterstock.com/andere andrea petrlik

Os dois casaram-se e ela foi a princesa mais querida do reino.

Narração

A andorinha e as aves

Uma andorinha mais experiente observava os homens plantando linho. Preocupada, resolveu alertar suas amigas do perigo. Explicou-lhes que com o linho os caçadores faziam redes para pegá-las.

- O que devemos fazer, então? – perguntou uma das aves.

A andorinha respondeu que deveriam procurar o fazendeiro, fazer as pazes e pedir abrigo. As outras acharam tudo isso uma bobagem.

Chegada à época de caça, a andorinha estava segura com o fazendeiro, porém um pouco triste pelas suas amigas que não seguiram seu conselho, e agora, tinham que fugir dos caçadores.

shutterstock.com/Hennadii H

Narração

O lobo e o cordeiro

Um cordeiro estava bebendo água à beira de um riacho, quando levantou a cabeça, percebeu que um lobo estava ali perto. O lobo, então, começou uma conversa:

- Que desaforo! Você está sujando a água que estou bebendo!

- Desculpe, senhor, isso é impossível! Estou a alguns metros abaixo de você!

- Também sei que você falou mal de mim no ano passado!

- Impossível, seu lobo, eu ainda não era nascido no ano passado!

O lobo pensou um pouco e percebeu que estava sendo injusto, pois o cordeiro tinha resposta para tudo. Desistiu da ideia de transformá-lo em jantar e percebeu que poderiam ser bons amigos.

freepik.com

A lamentação do pavão

Depois de se observar nas águas de um riacho, o pavão foi lamentar-se à coruja:

- Dona coruja, a senhora, que é sábia, me diga por que eu não tenho um canto bonito como o rouxinol?

A coruja então respondeu:

- Não fique zangado, pavão! Observe suas penas, como são belas!

- Mas de que adiantam penas bonitas, eu queria cantar! – falou o pavão.

A coruja, então lhe explicou que não se pode ter tudo que se quer, disse que o rouxinol tinha a bela voz, a águia a visão aguçada, o gavião a agilidade... E que ele tinha a beleza.

Assim, cada um precisa valorizar o que tem de melhor.

Narração

O menino, o cacto e a lagarta

Certo dia, um menino estava caminhando pelo jardim, quando percebeu uma plantinha esquisita, era espinhenta, e pendurada nela havia uma lagarta. Intrigado, foi perguntar ao pai como ele tinha deixado duas coisinhas tão feias em seu quintal tão bem-cuidado.

O pai lhe explicou que era um cacto e uma lagarta, se que fosse paciente algo especial aconteceria.

Dias depois o menino voltou a procurar o pai, no cacto agora tinha uma flor, mas no lugar da lagarta tinha um casulo ainda mais estranho. O pai então disse para ele observar mais de perto. Nisso o menino viu duas asinhas saindo do casulo e depois o resto da borboleta.

Ele ficou maravilhado e percebeu que realmente coisas bonitas podem acontecer a seu tempo.

freepik.com

8 Maio

Narração

A pequena sereia

shutterstock.com/Teguh Mujiono

Ariel era uma sereia que sonhava viver entre as pessoas. Um dia, enquanto estava na superfície, um príncipe a ouviu cantar e se apaixonou por sua voz.

A pequena sereia, então, procurou a bruxa dos mares para que transformasse sua cauda em pernas, mas a bruxa pediu em troca sua voz e para tê-la de volta, a sereia teria que ser beijada pelo príncipe.

Porém, quando Ariel estava na praia, ele não a reconheceu, porque não a ouviu cantar.

A bruxa, temendo que Ariel recuperasse a voz, transformou-se em humana e enganou o príncipe para que se casassem.

Como Ariel não conseguia contar a verdade, estava triste, pois não tinha o príncipe que tanto amava e não podia voltar para casa.

Seu pai, rei dos mares, ao saber de tudo, foi ajudar a filha. Lutou contra a bruxa e ao quebrar o encanto, fez com que a voz de Ariel retornasse.

O príncipe então percebeu que a amava, os dois casaram-se e vivem felizes.

Narração

O pavão e a lagarta

freepik.com

Um pavão andava pela floresta a se mostrar para os outros animais, dizia que era o animal mais bonito por causa de suas penas. Falava com todos, mas tinha o prazer de humilhar a pobre lagarta.

- Lá vem aquela lagarta feia e desajeitada rastejando pelo chão! – dizia toda vez que a via.

Um dia, ela ficou tão magoada que se fechou em seu casulo, não queria ser incomodada por ninguém. Tempo depois, surgiu na floresta uma bela borboleta, com asas longas e coloridas. Os animais admiravam sua beleza e simpatia.

Então o pavão descobriu que aquela lagarta desajeitada, ao seu tempo, transformou-se naquela bonita borboleta.

Narração

O canguru que saltava para trás

Em um lugar muito distante, existia um jovem canguru que tinha uma habilidade diferente: ele só sabia saltar para trás. Infelizmente, isso era motivo de zombaria entre os animais.

O pequeno canguru andava triste, então foi pedir conselhos à coruja, já que ela era conhecida por sua sabedoria.

- Não adianta ficar se lamentando! – disse a coruja.
- Por que você não treina como pular pra frente? É só ser persistente!

Foi o que o pequeno canguru fez. Treinou, treinou até que conseguiu pular para frente, como os outros cangurus.

Feliz, ele passou a ser considerado igual aos outros, porém era o único canguru que tinha a habilidade de pular tanto para trás como para frente.

freepik.com

Narração

O bondade do cachorro

shutterstock.com/Alexandria Bentar mahardikaths

Em uma manhã, um pescador e seu cachorro saíram ao mar, era mais um dia de trabalho. Quando estavam recolhendo as redes, viram que em uma delas estava preso um golfinho. O cachorro começou a latir e foi soltá-lo, porém o pescador ficou bravo com o cachorro.

Tempo depois, começou uma tempestade que foi levando o barco cada vez mais longe da costa. O homem ficou preocupado, pois conforme a noite vinha chegando, o mar ficava mais perigoso.

Quando menos esperava, o pescador percebeu que o barco foi conduzido até a costa, ao olhar o mar, viu o golfinho e seus amigos ajudando, retribuindo a gentileza ao cachorro.

Então, o pescador entendeu que não devemos tratar mal os outros, porque a ajuda pode vir de onde menos se espera.

O burro e o cachorro

Um homem tinha um burro e um cachorro. Ambos eram bem-cuidados por seu dono, mas o burro tinha inveja do cachorro, achava que ele tinha mais privilégios: enquanto o dono brincava com o cachorro e o levava para passear, ao burro sobrava todo o trabalho pesado.

Um dia, o burro pensou: "se eu fizer tudo que o cachorro faz, também vou ter a vida dele".

Então, quando o dono estava chegando à casa de um dia de trabalho, soltou-se do estábulo e pulou nele, como viu o cachorro fazer. Porém o homem ficou assustado com a atitude do animal, o empurrou, e mandou que o prendessem novamente.

Mais tarde o burro pensava: "Tentei imitar o cachorro e me dei mal. Agora sei que devo ser feliz do jeito que sou".

freepik.com

Narração

Narração

Abuso de confiança

A abelha e a formiga eram muito amigas, inclusive trocavam alimentos.

Um dia, a formiga foi visitar a abelha, mas quando chegou à casa da amiga, não a encontrou. Pensando que não fazia nenhum mal, serviu-se do melhor mel que a abelha tinha produzido.

Quando a abelha voltou, viu que a porta de sua casa estava aberta. Ao chegar à despensa viu que seu mel tinha sumido. Então, foi lamentar-se à amiga, pois tinha sido roubada. Logo a formiga contou o que tinha feito.

A abelha, muito triste, disse:

- Que pena, velha amiga! Não imaginava que depois de tanto tempo você teria a coragem de tirar de minha casa algo sem eu saber. Se tivesse me pedido, teria lhe dado de bom coração.

freepik.com

Narração

As rãs em busca de um rei

As rãs decidiram que precisavam de um rei, então começaram sua busca. Uma delas viu um tronco flutuando pelo riacho e disse:

- Está ali o nosso rei!

Elas subiram em cima, mas acharam que era um rei sem graça, não fazia nada. Então continuaram sua busca pela floresta.

Mas adiante viram uma cobra e pensaram que poderia ser uma rainha perfeita, mas quando chegaram perto, ela deu o bote e quase comeu uma das rãs.

Nesse momento, elas saíram pulando em disparada para o lago e perceberam que talvez o tronco fosse um bom rei, ou ainda, que não precisavam de rei nenhum.

freepik.com

Narração

As lebres, as raposas e as águias

Uma vez, as lebres desafiaram as águias para um duelo. Tempo depois, vendo que não venceriam, foram pedir ajuda às raposas.

As lebres ficaram felizes ao ouvir das raposas que poderiam ajudá-las, porém a alegria desapareceu quando elas continuaram dizendo que também eram amigas das águias. Portanto, não iriam interferir.

As lebres então, perceberam que as raposas estavam certas, e que elas mesmas deveriam resolver a situação. Afinal, não devemos criar inimizades.

freepik.com

A tartaruga e a águia

Narração

Uma tartaruga lamentava-se por ser tão pesada e lenta, comentava que admirava a beleza e agilidade das águias.

Um dia, finalmente convenceu a águia a levá-la para um passeio no céu. Então comentou:

- Ah, que maravilha! Como estou feliz! Como tudo é tão bonito visto daqui de cima!

Porém, deslumbrada com a vista, esqueceu-se de se segurar e despencou lá de cima. Algumas tartarugas que passavam, foram ajudar a amiga e disseram:

- Pobrezinha! Estava tão segura aqui na terra, por que foi arriscar-se nas alturas?

Então a tartaruga aprendeu que não se deve lutar contra a própria natureza.

freepik.com

Narração

A raposa e o leão

Uma jovem raposa nunca tinha visto um leão. Um dia, enquanto passeava pela floresta, encontrou um deles, com medo, correu desesperada e foi se esconder.

Dias depois, viu o leão pela segunda vez, ela ficou observando atrás de uma árvore e não o achou tão assustador assim. Tempo depois, ela o encontrou pela terceira vez e decidiu ir até ele e puxar conversa, afinal, já fazia tempo que o conhecia.

O leão, por sua vez, não gostou da proximidade da raposa e para dar-lhe um susto, deu um rugido bem forte.

A raposa então entendeu que precisa de um convívio para nascer a proximidade.

freepik.com

Narração

A coelhinha e suas orelhas

Existia uma coelhinha muito vaidosa, vivia cuidando de sua aparência, especialmente de suas orelhas que eram longas e peludinhas. As outras coelhas admitiam que eram belas orelhas, mas sempre lembravam a ela que sua vida dependia das patas, que deveriam ser ágeis.

Um dia, apareceu um lobo. Assim que os coelhos o viram, saíram correndo, mas a coelhinha vaidosa estava distraída fazendo um penteado em suas orelhas.

Quando ela percebeu, o lobo estava bem perto. Assustada, saiu em disparada até o rio, pulou na água conseguindo, por pouco, se salvar.

Aprendeu então, que há coisas mais importantes que a aparência.

freepik.com

Maio 19

Narração

A borboleta

Uma borboletinha era muito orgulhosa, achava-se muito bonita e por isso desfazia as demais, como consequência não tinha amigos, vivia só.

Um dia, um menino também achou a borboleta muito bonita, então a aprisionou em um vidro para que pudesse admirá-la.

No princípio ela ficou maravilhada, achou que não deveria estar em outro lugar, porém começou a perceber que ficava cada vez mais difícil respirar. Percebeu que se ficasse ali, iria morrer.

Começou a gritar por socorro e foi atendida pelas outras borboletas que a ajudaram a fugir.

Percebeu então, que a maior qualidade que poderia ter não era sua beleza, mas sim seus amigos.

freepik.com

Narração

A águia e a flecha

shutterstock.com/bazzier

Uma águia estava procurando por uma presa, enquanto um caçador, escondido na floresta, a viu e lançou uma flecha.

A flecha passou bem perto da águia que a observando disse:

- Que tristeza, quase morri por uma flecha que traz como enfeite as penas de minha própria espécie.

Narração

A ovelha negra

freepik.com

Existia no rebanho uma ovelha diferente de suas irmãs, todas eram brancas e ela era negra. Isso não representava problema para nenhuma delas, todas viviam felizes, mas a ovelhinha se considerava diferente e ainda queria ter a mesma cor das demais.

Um dia, apareceu na fazenda, um homem que queria comprar algumas ovelhas. Ele olhou todo o rebanho, e quando percebeu a ovelhinha negra, disse que queria levá-la. O dono da fazenda lhe perguntou o motivo, então ele respondeu:

- Porque é a única dessa cor, o que a torna mais bonita e valiosa que as outras.

O gatinho fedorento

Como era difícil para aquele gatinho tomar banho! Sempre que chegava a hora do banho era uma guerra para a mamãe gata, ele fugia, se escondia, choramingava, todo dia arrumava uma desculpa.

Para ele, essa rotina sem banhos estava ótima, porém para seus amigos não era fácil ficar perto sentindo aquele cheirinho ruim, mas como tinham vergonha de dizer que o amigo estava fedorento, começaram a se afastar do gatinho. Ele então, começou a se sentir sozinho.

Foi aí que percebeu: um bom banho resolveria todos os seus problemas. Não esperou nem a mamãe gata chamar, pulou na banheira e depois de um tempo saiu limpinho e cheiroso, pronto para brincar com seus amigos.

shutterstock.com/Anna Kukushkina

Narração

O filhote de cervo e sua mãe

freepik.com

Andavam pela floresta um cervo e sua mãe. Ele então, perguntou por que a mãe, sendo maior e mais veloz que um lobo, tinha tanto medo dele.

A mãe sabiamente respondeu:

- Meu filho, nem tudo é questão de tamanho. Temos que perceber as características dos outros e saber que alguns se aproximam de nós para serem amigos e outros inimigos, e estes vão sempre nos fazer algum mal.

Narração

O porco-espinho e o jogo da cabra-cega

Acontecia uma reunião entre os bichos da floresta, enquanto os pais conversavam, seus filhotes brincavam. Escolheram de início a brincadeira da cabra-cega.

O filhote da raposa começou com os olhos vendados, ele teve o azar de encostar-se ao porco-espinho e ficou todo pinicado. O porco-espinho, sentindo-se culpado, resolveu sair da brincadeira, para não machucar mais ninguém.

Os outros filhotes então, escolheram outra brincadeira, pois um amigo tão legal que se propôs ficar de fora para não machucar os outros, não merecia ficar sozinho.

Então foram todos brincar de pique-esconde.

Narração

A periquita tagarela

freepik.com

Dona periquita era um daqueles animais que gostava de falar, e falava muito. Quando se encontrava com alguém engatava uma conversa e nem deixava o pobre coitado, que estava ouvindo, responder a nenhuma pergunta, já dava ela mesma a resposta que achava ser a certa.

Chegou um tempo em que os bichos da floresta passaram a desviar do galho em que dona periquita estava, só para não ter que ouvir tudo novamente o que ela tinha para dizer.

Mas eles começaram a ficar envergonhados dessa atitude, que não era nada bonita. Então, um dos animais, para se desculpar, presenteou dona periquita com um espelho.

Ela ficou tão feliz que agora, quando não têm, com quem conversar, fala com seu reflexo no espelho.

O pescador flautista

Narração

Um pescador ouviu falar da lenda de um flautista que havia enfeitiçado ratos, eles seguiram-no pela cidade, então, resolveu tentar essa técnica com os peixes.

Ao chegar ao local em que costumava pescar, pegou sua flauta e tocou uma música. De fato, a música era muito bonita, mas não deu o efeito esperado nos peixes que continuavam nadando ao redor do barco.

Então o pescador levantou-se, pegou sua rede e jogou na água. Repetiu o processo algumas vezes, e como resultado, voltou com o barco cheio de peixes.

Depois disso pensou: "Que flauta, que nada, se quero peixe na mesa, o certo é trabalhar com minha rede! Tudo tem sua hora e lugar".

shutterstock.com/Jacky Brown

Narração

O pinguim comilão

Em uma ilha muito fria, havia um pequeno pinguim que adorava comer, vivia para isso. Ele era um bom pescador, porém sempre comia tudo sem repartir com ninguém. E foi ficando cada vez mais gordinho.

Sua mãe, preocupada com essa situação, alertava o filho, mas ele achava que tinha razão.

Um dia, ele viu seus amigos brincando, deslizavam e saltavam na neve. Quando foi participar da brincadeira, não conseguiu acompanhar os outros, e percebeu que sua mãe tinha razão.

Então, segundo os conselhos de seus pais, começou a comer com moderação e a dividir o que sobrava com os amigos. Rapidinho ele entrou em forma e voltou a ser ágil como os outros.

shutterstock.com/ Teguh Mujiono

Narração

A professora coruja

freepik.com

A coruja era conhecida por sua enorme sabedoria, porém, na escola, tinha vários problemas com seus alunos, que gostavam de bagunça e brincadeiras.

Um dia, o ursinho quis dar um susto no esquilo, levantou-se e quando se aproximava do colega, tropeçou em um armário com prateleiras cheias de livros, fazendo com que eles caíssem em cima do pé da professora, que acabou machucado. Ela teve que ficar em casa por alguns dias e os alunos ficaram sem aula.

No início, eles gostaram da ideia de não ter aula, mas com o passar do tempo, sentiram falta da professora e do aprendizado.

Quando a professora, enfim ficou boa, foi uma alegria, pois as aulas voltaram. Os alunos então perceberam como é bom ter conhecimento.

Narração

O passarinho e o tempo

A mamãe passarinho saía bem cedo, toda manhã, para procurar comida e dizia a seu filhotinho para ficar no ninho, pois ele ainda era muito pequeno.

Um dia, o passarinho desobedeceu a sua mãe, ele queria voar e pulou do ninho, quando caiu, quebrou a asinha. Ficou se lamentando e pedindo ajuda.

A dona coruja enfaixou sua asinha e o levou para o ninho, mas o passarinho queria sair voando.

- Calma! – disse dona coruja. – Você não esperou quando sua mãe pediu, agora terá que ter paciência até ficar bom. Dê tempo ao tempo!

shutterstock.com/Savgraf

Narração

A lebre mexeriqueira

Morava na floresta uma lebre muito bonita, tinha um focinho cor-de-rosa, pelos brilhantes e uma cauda branquinha e fofinha. Mas ela tinha um terrível defeito: era muito mexeriqueira.

Vivia escondida atrás das árvores para escutar a conversa dos outros e depois espalhar tudo o que tinha ouvido e também o que não tinha.

Chegou um tempo em que os animais não se entendiam mais e brigavam entre si.

O rei da floresta percebeu que a culpa da discórdia era toda da lebre, e a chamou para uma conversa.

Ela ficou com tanto medo, que prometeu pedir desculpas a todos e nunca mais se intrometeu na vida de ninguém.

freepik.com

Narração

Ali Babá e os quarenta ladrões

Um jovem, chamado Ali Babá, viajava pelo reino da Pérsia. Um dia, ouviu quarenta ladrões perto de uma pedra dizendo: "Abre-te Sésamo!", então a pedra se moveu e apareceu a entrada de uma caverna.

Quando os ladrões foram embora, ele entrou na caverna e encontrou uma fortuna em ouro e joias, pegou um pouco para e si e foi direto ao palácio pedir a filha do sultão em casamento, pois a amava.

Ali Babá, então, anunciou uma enorme festa de casamento e para isso foi buscar mais ouro na caverna, porém dessa vez um dos ladrões o havia visto.

Os ladrões, sabendo da festa, esconderam-se em barris de vinho para, atacar o palácio. Porém, quando o vinho da festa terminou, Ali Babá foi até a adega pegar mais, ouviu uma conversa e encontrou os ladrões. Então, dizendo que o vinho tinha estragado, pediu ajuda aos guardas para levar os barris até um despenhadeiro.

Ao perceber que seriam jogados, os ladrões entregaram-se. Ali Babá ficou com o tesouro e viveu feliz com sua princesa.

1 Junho

Tarzan

shutterstock.com/Teguh Mujiono

Narração

Um dia, na África, um barco afundou e dele foi salvo, por uma gorila, um bebê. Kala cuidou dele como se fosse seu filhote e o ensinou os segredos da selva. Conforme Tarzan ia crescendo, ele foi aprendendo as habilidades dos outros animais.

Certo dia, ele ouviu barulhos de tiros na selva, e encontrou três pessoas com quem se identificou fisicamente, eram Clayton, Porter e Jane, por quem Tarzan se apaixonou. Então ele decidiu voltar para a civilização com ela.

Porém Clayton não queria Tarzan junto a eles, pois seu objetivo era comercializar gorilas e então se iniciou uma briga. Tarzan pediu ajuda de seus amigos da selva que foram socorrê-lo.

Eles, então, conseguem libertar os gorilas e Jane decide ficar na selva com Tarzan.

Narração

O cão e a máscara

freepik.com

Um cão, procurando por um osso para roer, encontrou uma máscara bonita, chamava a atenção por suas cores fortes.

O cão farejou-a, mas perdeu o interesse, foi andando e pensou: “A aparência até é bonita, mas de nada serve; não tem um cérebro”.

Narração

A mosca e a carroça

Uma mula ia puxando uma carroça pela estrada, ela estava carregada e, por isso, a mula tinha que fazer muita força.

Uma mosca que estava sobre a carga ficou com pena da mula e disse-lhe:

- Pobre animal, para te ajudar vou sair de cima e deixar de fazer ainda mais peso.

Então a mula respondeu:

- Até agradeço tua boa vontade, mas de nada me adianta, pois o peso que me sobra é bem maior que aquele que me alivias.

shutterstock.com/Ron Leishman

Narração

O cachorro e seu dono

Toda vez que saía para caçar, o dono levava seu cão, que nunca deixava de ser fiel, e era um bom caçador. Porém os anos foram passando e o cão envelhecendo.

Certa vez, quando foram novamente a uma caçada, o cão não conseguiu acompanhar a corrida de uma lebre e voltou a seu dono sem a presa.

Este, então, afagou as orelhas do velho amigo, disse que não tinha problema, e lhe agradeceu pelos anos de companheirismo.

shutterstock.com/ArtMalivanov

As lebres e as rãs

As lebres convocaram uma reunião para conversar sobre as condições em que viviam. Uma delas, muito pessimista, disse: "Vivemos com medo de toda espécie de animais que caçam, isso não é dignidade. Viver com medo é pior que morrer".

As outras lebres concordaram, então saíram em direção ao rio, para pôr um fim às suas vidas.

As rãs, assustadas com a chegada repentina das lebres, se atiraram na água por questão de segurança.

Uma das lebres, vendo o desespero das rãs, pediu que suas companheiras parassem. Afinal, não eram os animais mais medrosos; as rãs sim, estas tinham medo até das lebres!

freepik.com

Narração

Narração

A porquinha e o lobo

shutterstock.com/Haso

Dona porquinha acabava de ter seus porquinhos quando um lobo foi visitá-la. Ele, muito prestativo, se ofereceu para ajudar no que fosse preciso, até cuidar dos porquinhos enquanto dona porquinha se recuperava.

Ela, muito atenciosa, disse-lhe:

- Muito obrigada, senhor lobo, mas o conheço muito bem e o melhor que o senhor pode fazer é ficar bem longe de mim e principalmente, de meus porquinhos.

Narração

O leão e o javali

Em um dia muito quente, um javali e um leão chegaram juntos a uma fonte de água. Começaram a discutir quem beberia a água primeiro, o leão dizia que era o rei da selva e o javali dizia que por isso, ele deveria dar o exemplo e ceder a vez aos outros.

Já iam começar a brigar quando olharam para cima e viram vários urubus. O leão então falou:

- Eles só estão esperando qual de nós será vencido...

- Então devemos entrar em um acordo, prefiro ser seu amigo a ser comida de urubu. – Disse o javali.

freepik.com

Narração

A raposa e o bode

Uma raposa caiu em um poço quando tentava tomar água. Um bode aproximou-se e perguntou o que ela fazia ali.

Ela, não querendo passar por boba, lhe respondeu que tinha entrado para beber água e, como era uma boa amiga, deixaria um pouco para ele.

Sem pensar, o bode pulou dentro do poço. A raposa esperta subiu nas costas dele e saltou para fora.

- Ajude-me a sair, dona raposa! – gritou o bode.

- Eu não deveria, mas vou lhe ajudar – respondeu a raposa.

E jogou uma corda para o bode sair de lá.

freepik.com

A coragem do caçador

freepik.com

Um dia, um caçador procurava por leões. Ao passar por moradores de uma vila, com empáfia perguntou a um deles se havia visto pegadas pela redondeza.

O morador, então, disse que ao invés de pegadas, ele poderia lhe mostrar onde ficava a caverna em que eles se escondiam.

O caçador tremeu de medo e disse que voltaria no dia seguinte, mais preparado. Afinal, era mais de um leão.

Porém, o bravo caçador, nunca mais voltou.

Narração

A flor, a abelha e a borboleta

Um dia, a abelha e a borboleta começaram uma discussão para saber quem era a melhor amiga da flor.

- Sou eu! – dizia a borboleta.

- Não, é claro que sou eu! – respondia a abelha.

E já discutiam por um bom tempo, quando resolveram, finalmente, perguntar a flor quem era sua melhor amiga.

- É impossível escolher e ter somente um amigo. Gosto e preciso da amizade das duas, só assim me sinto feliz.

As duas então perceberam que também poderiam ser amigas.

freepik.com

Narração

Formigas...

shutterstock.com/Dreamcreation

Um fazendeiro andava meio cansado de sua vida. Reclamava que todo dia tinha algo de diferente para arrumar, consertar, ou trabalhar na fazenda.

Em uma tarde, ao pôr do sol, sentou-se ao pé de uma árvore para descansar, depois de mais um dia de trabalho. Foi quando viu algumas formigas indo em direção ao formigueiro. Elas carregavam grandes pedaços de folhas, às vezes acabavam tombando para um lado e para outro, mas voltavam a carregar a carga e a caminhar.

Sentiu-se um pouco envergonhado, mesmo um animal tão pequeno, não sabia o que era desistir. Levantou-se, parou de reclamar da vida e passou a cuidar ainda mais de sua fazenda.

Narração

A formiga e o pássaro

freepik.com

Um pássaro faminto ia perseguindo uma formiga. Querendo livrar-se dele, ela então propôs:

- Senhor pássaro, se eu lhe arrumasse comida, você me deixaria ir embora?

Ele pensou um pouco e resolveu trocar uma mísera formiga por uma quantidade maior de comida. Ela, então, o levou até a janela de uma casa, onde em cima da mesa havia frutas e um bolo recém-feito.

Quando o pássaro começou a comer, surgiu um gato que saltou sobre ele. Desesperado, ele saiu voando e pensando: “essa formiga foi esperta, me fez trocar o que era certo, pelo incerto. Preciso ser menos ganancioso”.

13 Junho

Narração

O corvo e o mexilhão

shutterstock.com/chaika

Um corvo faminto encontrou um mexilhão na praia, porém não sabia como abri-lo. Bateu várias vezes, mas não teve sucesso.

Já estava cansado e a beira de desistir, quando apareceu outro corvo se oferecendo para ajudar. Aconselhou a levar o mexilhão bem alto no céu, e soltá-lo lá de cima, então quando batesse no chão, ele se abriria e o amigo poderia comê-lo.

Foi o que o corvo ingênuo fez. Porém, quando o mexilhão abriu-se no chão, o conselheiro esperto se apressou, pegou o molusco e voou embora.

O corvo, faminto, então pensou: ”é preciso cuidar de onde vem a ajuda”.

Narração

O bezerro e o boi

Um fazendeiro tinha um boi que era bem treinado em puxar carroças e lavrar a terra. Um dia, o dono colocou junto a ele um bezerro impulsivo e rebelde.

O velho boi viu naquilo um insulto a seu trabalho, porém o dono explicou que ele tinha sabedoria, mas já andava cansado e o bezerro tinha força, mas que de nada adiantaria sem saber usá-la.

Então o mais novo aliviaria o peso da carga do mais velho, enquanto este lhe transmitiria sua sabedoria.

freepik.com

O lenhador e a morte

Narração

freepik.com

Um lenhador andava a reclamar da vida, um dia ia dizendo:

- Trabalho o dia inteiro, corto lenha, carrego e no fim do mês não me sobra nada para comprar além de um pedaço de pão. De que me vale essa vida! Está me ouvindo, dona Morte?

Nesse momento aparece então a dona Morte:

- Boa tarde, lenhador! O senhor tem algo para me pedir?

- Tenho sim, senhora. Poderia fazer o favor de me ajudar com aquela lenha?

Depois disso, o homem nunca mais reclamou e nem pediu nada a mais ninguém.

Narração

O cavalo e o veado

O cavalo e o veado sempre disputavam pelo melhor pasto, porém o veado levava vantagem por causa dos chifres. O cavalo, cansado de ficar com o que restava, pediu ajuda para o homem.

Ele, então, lhe pôs arreios e montaria e juntos afugentaram o veado.

O cavalo agradeceu ao homem e disse que não precisava mais de sua ajuda. Porém o homem disse que havia gostado da parceria e em troca da ajuda, não o soltaria.

O cavalo, então, se arrependeu de pedir ajuda a quem poderia se aproveitar dele.

freepik.com

O corvo e o escorpião

Um corvo, procurando por comida, avista um escorpião. Não sabendo de seu perigo, voa sobre ele e o leva no bico, pronto para comê-lo.

Porém, quando menos espera, o escorpião, com o rabo, tenta lhe dar uma ferroada.

Assustado, o corvo solta o escorpião e sai voando. De predador, quase passou a ser a presa.

O caçador e a cobra

Um caçador ia andando pela mata, observando as árvores em busca de pássaros. Atento ao que acontecia nas árvores, não observou o chão onde havia uma cobra e acabou pisando nela.

A cobra, querendo se defender, mordeu a perna do homem.

Ele, a caminho do hospital, então percebeu o seu erro: cuidou do que estava acima de sua cabeça e se esqueceu do que estava abaixo de seus pés.

Narração

shutterstock.com/Nyamol Ds

19 Junho

O agricultor e o burro

Narração

freepik.com

Um agricultor passava os dias preparando a terra, plantando e cuidando de suas hortaliças. Porém, à noite, seu burrinho comia e destruía todo o trabalho do dia.

Ele, no dia seguinte, lamentava a perda e punha-se a trabalhar novamente.

Sua esposa, vendo o que acontecia, aconselhou o marido: “não adianta trabalhar, se não cuidar daquilo que foi feito, fecha a horta com uma cerca e não deixa o burrinho entrar”.

Narração

Os dois burros

Dois burros iam andando, um deles carregava sal e o outro esponjas. A certa altura do caminho, encontram um rio.

Aquele que ia carregado de sal inicia a passagem, a água foi infiltrando-se em sua carga e dissolvendo-a de modo que o burro, ao chegar à outra margem, levava metade de sua carga.

O outro burro, vendo o que aconteceu ao companheiro, animou-se a passar, porém não levou em conta a diferença de sua carga que, ao contrário de seu amigo, encharcou, tonando-se o dobro mais pesada. O burro chegou à outra margem quase sem forças.

Percebeu, então, que não se deve simplesmente imitar os outros, mas sim, levar em conta suas particularidades.

freepik.com

A águia, a gata e a porca

Viviam em uma árvore três mães com seus filhotes: a águia, nos galhos mais altos, a gata mais abaixo, no meio do tronco, e a porca no chão, no oco que havia na árvore.

Todas viviam tranquilas, mas a gata não gostava muito da vizinhança. Então, um dia, subiu até a águia e disse que a porca estava tramando fossar as raízes para a árvore cair e ela poder pegar os filhotes das outras duas. Para a porca, a gata inventou que a águia também tramava pegar seus filhotes.

O estrago estava feito. Um dia a águia vendo que a porca não saía de casa, foi tirar satisfação e as duas iniciaram uma briga. Enquanto discutiam, contaram o que a gata tinha dito a cada uma e perceberam que a vizinha era uma encrenqueira.

Resolveram que não a mandariam embora, pois tinha seus filhotes para cuidar, mas desde então, passaram a não confiar mais no que ela falava.

freepik.com

Narração

Narração

As vespas e as abelhas

As vespas e as abelhas brigavam por um favo de mel. Ambas diziam que eram donas, porque o tinham produzido.

Foi montado então um tribunal, como juíza a formiga e depois foram arranjados advogados, testemunhas e coisas mais.

Uma das abelhas, vendo que aquilo tudo ia durar muito tempo, propôs de forma bem simples: cada uma tinha que fazer um outro favo, assim comprovaria de quem era a posse do primeiro.

As vespas não quiseram aceitar a proposta, então a juíza pôde perceber que elas não tinham capacidade de produção e deu ganho de causa às abelhas.

shutterstock.com/Pallavi_Patil

23 Junho

Narração

A correnteza e o rio

freepik.com

Um dia, um homem fugindo de ladrões, tem a infelicidade de precisar passar o rio com uma forte correnteza. Sem escolha, ao pular no rio, ele percebe que mesmo sendo forte, a água era pouco profunda, então conseguiu fugir a salvo.

Prosseguindo sua viagem, o homem precisou passar o rio novamente, mas dessa vez ele escolheu um local calmo pensando: "será fácil para mim, que enfrentei mais cedo a correnteza!"

Porém toda essa calmaria escondia um enorme perigo, era muito profundo, assustando o homem que mal sabia nadar.

Narração

O rato e o elefante

Em uma feira, um elefante era admirado por várias pessoas, elas comentavam sobre seu tamanho, força e beleza. Um ratinho que via tudo, invejoso reclamava:

- O que veem nesse desajeitado? É enorme, lento e sem graça! Nós, ratos, somos rápidos, saltamos, somos cheios de graça e nem por isso temos sua admiração!

Enquanto ele repreendia as pessoas que olhavam o elefante, chegou sorrateiramente um gato e quase o abocanhou, mostrando-lhe, assim, a diferença que vai de um elefante a um ratinho.

shutterstock.com/dedMazay

Narração

O veado e as vinhas

Um veado que fugia dos caçadores, resolveu esconder-se em uma vinha. Ali estava protegido do perigo, pois os caçadores, depois de muito procurar, estavam indo embora.

Porém ele, ao invés de ficar quieto, resolveu comer as folhas da vinha, fazendo com que toda ela balançasse.

Os caçadores voltam a procurá-lo, fazendo com que o veado iniciasse novamente sua fuga.

freepik.com

Narração

O pobre e o rico

shutterstock.com/Yaroslav_sib

Um sapateiro pobre passava os dias a trabalhar em frente de casa. À noite, quando entrava, sua família estava a sua espera, jantavam e cantavam juntos.

Em frente a sua casa morava um homem rico, que ficava maravilhado com a vida de felicidade do sapateiro, porém achava que o vizinho poderia ter mais conforto, então resolveu lhe dar um saco de dinheiro.

Que desgraça! O sapateiro não dormia mais de medo de ser roubado, não cantava para não chamar a atenção, passou a viver infeliz.

Foi então que ele decidiu ter sua antiga vida de volta, pegou o dinheiro e devolveu para o vizinho rico. A partir daí, voltou a dormir e a cantar.

Narração

A águia, o corvo e o pastor

Em um voo pelo campo, uma águia pegou em suas garras um cordeiro. Um corvo, que observava a cena, resolveu que faria o mesmo, porém quando tentou agarrar o animal, enrolou suas garras na lã e ficou preso.

O pastor, que cuidava das ovelhas, pegou o corvo e o levou para casa, queria mostrá-lo a seus filhos pequenos.

Quando chegou, as crianças perguntaram o que era, e ele respondeu:

- A natureza o fez um corvo, porém ele gostaria de ser uma águia.

Narração

A Dama e o Vagabundo

Uma cadelinha de pedigree chamada Lady, vivia com seus donos. Mais tarde o casal teve um bebê. Em um dos passeios da família, Lady conheceu Dan, popularmente conhecido como vagabundo, por viver na rua.

Um dia, os donos de Lady foram viajar e chamaram tia Sarah para cuidar da casa. A cadelinha acabou fugindo, pois era maltratada e na rua passou várias aventuras com Dan: passeios, diversão, fugir de cachorros ferozes e até um jantar romântico. Ele, então, ajuda a cachorrinha a voltar para casa.

Na volta, eles ainda salvam o bebê, que estava em perigo, e Dan passa a viver na casa com a família.

shutterstock.com/campo de papoila

Narração

O soldadinho de chumbo

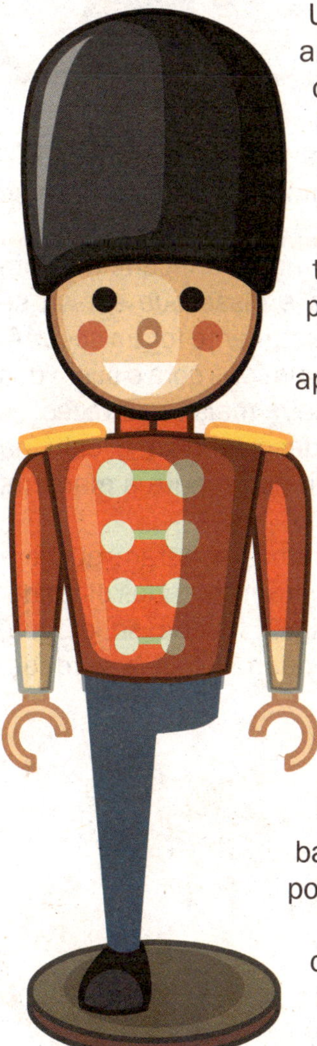

freepik.com

Um menino, em seu aniversário, ganhou uma caixa com vinte e cinco soldados de chumbo. Enfileirando-os, percebeu que o último tinha somente uma perna, o que não era um problema, pois ele também protegia o castelo da princesa, que era uma bailarina.

O soldadinho então, se apaixonou por ela e isso lhe trouxe alguns problemas, porque um rato, com ciúmes, jogou o soldadinho pela janela. Quando caiu, foi levado até o esgoto e comido por um peixe.

Porém, o peixe voltou para a casa da bailarina, e o soldadinho para perto dela. Mas o rato não ficou satisfeito e jogou o soldadinho na lareira, onde a bailarina também acabou caindo por causa do vento.

A bailarina e o soldadinho conseguiram então ficar juntos, fundidos em um coração de chumbo.

Narração

O macaco, a raposa e o lobo

Em certo dia de verão, três amigos, o macaco, a raposa e o lobo, foram tomar um banho de rio para se refrescar.

O macaco resolveu fazer uma brincadeira com os outros dois, entrou na água e disse que estava se afogando. O lobo e a raposa, rapidamente foram socorrê-lo, então ele começou a dar gargalhadas com o susto dos amigos. Ainda repetiu a brincadeira mais duas vezes.

Na quarta vez, o macaco descuidou-se e caiu na correnteza do rio, sem conseguir nadar para a margem, pediu ajuda a seus amigos.

Porém, os amigos se olharam e acharam que era mentira, não se importaram e ficaram sentados olhando.

Ele tomou um pouco de água, quase se afogou, mas aprendeu que mentiroso quando fala a verdade, ninguém acredita.

freepik.com

1 Julho

shutterstock.com/Ulia Solovieva

Narração

Pocahontas

Há muitos anos, uma índia chamada Pocahontas foi prometida em casamento por seu pai, o chefe da tribo Ponhatan, ao guerreiro mais valente, Kocoum.

Porém, naqueles dias havia chegado um navio à Virgínia, lugar onde ela morava, e nele estava o inglês John Smith. Ele e a jovem índia se apaixonaram e viveram momentos felizes.

Junto com John vieram outros exploradores que viam Pocahontas e a tribo como uma ameaça, então começou uma batalha. Por apoiar Pocahontas e os índios, John foi ferido e teve que voltar à Inglaterra, mas levou Pocahontas no coração.

Disso se aprendeu que não vale apena criar guerra.

Narração

freepik.com

As lebres e o cachorro

Havia um cachorro que costumava sair com seu dono para caçar. Era conhecido por ser ágil e nunca voltar para casa sem uma presa.

Porém as lebres, cansadas de viverem com medo, pediram ajuda ao porco espinho, ele disse que ficaria feliz em ajudá-las.

Um dia, quando elas estavam pela floresta, apareceu o cachorro caçador, imediatamente elas entraram em suas tocas. Quando ele tentou pegar uma delas, o porco espinho apareceu na entrada da toca e espetou o focinho do cachorro, que saiu correndo.

Pelo menos, naquele dia, as lebres ficaram segurança.

Narração

O menino e o jardim

Um menino tinha uma vizinha que adorava cuidar do jardim, estava sempre florido, com a grama verdinha e bem cuidada. Ele adorava passar em frente à casa dela e ver toda aquela beleza.

Porém, passados alguns dias, notou que as flores do jardim não eram mais as mesmas, estava faltando cuidado. Então descobriu que a senhora estava no hospital.

O menino pensou que ela não poderia estar doente e ainda ficar sem o seu jardim. Então, todos os dias, depois da escola, ele regava as flores, ajuntava as folhas, cuidava da grama.

Quando ficou boa, a senhora teve uma grande surpresa, e o menino ficou muito feliz por ter ajudado a quem precisava.

Narração

A fábrica de chocolates

Um homem era dono de uma fábrica de chocolates, mas ele estava cansado de trabalhar tanto, então convidou cinco crianças para conhecer a fábrica, e sem que ninguém soubesse, entre elas escolheria seu sucessor.

Durante o passeio, as crianças viram como eram feitos os deliciosos chocolates, experimentaram e fizeram perguntas. O homem foi explicando, e ouvindo o que elas falavam, foi conhecendo cada uma.

Algumas delas eram mais espertas, tinham boa condição financeira, ou ainda bom estudo, porém ele decidiu dar a fábrica àquela que parecia ser a mais humilde, pois era a mais sincera e a única criança de coração puro.

shutterstock.com/ NotionPic

O sapo esperto

freepik.com

Um dia, um cachorro viu um sapo pulando para cá e para lá a procura de insetos, então resolveu brincar com ele, abocanhou o coitado e o jogou para cima várias vezes.

O sapo, já tonto da brincadeira sem graça, choramingou e pediu que o cachorro, o soltasse.

- Até posso soltá-lo. – disse o cachorro matreiro. – Mas será dentro do lago.

- O lago não, tenho medo de me afogar! – disse o sapo.

E foi o que o cachorro fez, mas para a sua surpresa o sapo saiu nadando e cantarolando alegremente. Para a cara de espanto do cachorro ele disse:

- Você até pode ser grande, mas não tem nada nessa cabeça! Já deveria saber que os sapos vivem tanto na terra, como na água.

E foi embora.

Narração

Mulan

Havia, na China, uma jovem chamada Mulan, como ela já tinha certa idade, foi até a senhora casamenteira da vila. Porém, só fez trapalhadas e a senhora mandou que ela voltasse para casa, pois ainda não estava pronta para o casamento.

Dias depois, começou uma guerra e seu pai foi convocado, porém como já estava velho, Mulan temia por sua vida. Decidiu, sem que ninguém soubesse, ir no lugar dele. Mas para isso teve que se disfarçar de menino.

O treinamento era pesado e difícil, ainda mais para uma mulher, mas Mulan não desistiu e passou a se destacar entre os demais soldados e o inesperado aconteceu: ela se apaixonou por seu comandante. Foi então que eles perceberam que ela não era um homem. Mesmo assim, ela lutou ao lado de seus companheiros e ganharam a guerra.

Mulan, então, ficou conhecida por sua coragem e determinação.

freepik.com

A raposa e os animais da fazenda

Narração

Uma raposa vivia incomodando os outros animais. Tinha por gosto fazer maldades, mas que a seus olhos eram apenas brincadeiras.

Já cansada de tanta reclamação, a coruja foi perguntar por que ela agia daquela forma, pois ninguém aguentava mais. A raposa, então, respondeu que eram apenas brincadeiras, o povo da fazenda era muito sério, só sabia reclamar.

Um dia, andando pela fazenda, a galinha lhe atirou um ovo no rosto e como não enxergava nada, ela levou uma rasteira do burro e caiu na lama com os porcos.

- Está bem! – disse a raposa – entendi que nem tudo é brincadeira!

Do pior jeito, a raposa percebeu que não devemos fazer aos outros, aquilo que não queremos receber.

freepik.com

Narração

Gulliver e suas viagens fantásticas (parte I)

freepik.com

Na Inglaterra, havia um jovem aventureiro, seu nome era Gulliver, ele gostava de navegar pelo mundo.

Em uma dessas viagens, houve uma grande tempestade e seu barco afundou, mas ele conseguiu chegar à praia. Porém teve uma grande surpresa, os habitantes daquela ilha eram todos pequeninos.

Como ali Gulliver era um gigante, eles pediram sua ajuda para se defender de inimigos da ilha vizinha, em troca eles lhe dariam abrigo, comida e uma forma de voltar à Inglaterra.

Então, quando anoiteceu, ele nadou até a ilha vizinha e destruiu os barcos, impossibilitando àquele povo de navegar.

Como prometido, Gulliver teve seu barco e voltou a sua terra natal.

Narração

Gulliver e suas viagens fantásticas (parte II)

Gulliver era aventureiro, a bordo de seu barco partiu para mais uma viagem fantástica pelo mundo. Dessa vez, ele chegou a uma ilha habitada por gigantes.

Procurando por água, ele foi capturado e aprisionado por um deles, que teve a ideia de exibir o pequeno homem para ganhar dinheiro. A rainha gostou tanto de Gulliver, que decidiu comprá-lo por cem moedas de ouro, e mandou construir uma pequena casa para que ele ficasse confortável.

Gulliver vivia bem no mundo dos gigantes, até que uma noite acabou sendo atacado por enormes vespas. Ele lutou com elas e saiu vencedor. A rainha, então, percebeu que ali não era o lugar dele e o deixou voltar para casa.

Vivendo em Londres, ele pôde escrever sobre suas viagens fantásticas.

shutterstock.com/Tomacco

Narração

A melhor e a pior comida do mundo

shutterstock.com/Azalai

Um dia, o rei pediu a Esopo, seu súdito, que preparasse a melhor e a pior comida do mundo. Depois de muito pensar, ele foi ao mercado, comprou o que precisava, e preparou dois pratos que deixou cobertos, à mesa do rei.

Primeiro ele apresentou a melhor comida: língua. O rei achou estranho, mas Esopo se explicou: sem a língua não nos entenderíamos e não diríamos palavras bonitas, não poderíamos cantar. O rei concordou.

Porém, quando apresentou a pior, o rei voltou a ficar confuso, pois também havia uma língua no prato. O rei esperou a explicação: a língua também é o pior alimento, pois pode ofender os outros, pode ser fonte de discussões e intrigas.

Portanto, a língua pode ser o que há de melhor ou pior no mundo, só depende como decidimos usá-la.

O pavão e a garça

Certo dia, o pavão estava, mais uma vez, exibindo suas plumas entre a bicharada, falando sobre sua beleza. A garça, que normalmente não se importava, naquele dia incomodou-se:

- Senhor pavão, o que acha de ser menos exibido e mais inteligente?

- O que você disse, dona garça? – perguntou o pavão. – É toda desajeitada, perna fina, e ainda acha que é inteligente?

- Posso ter perna fina e ser um pouco desajeitada, mas sou leve, ao contrário de você, que com todas essas plumas é pesado, e por isso posso voar, ser livre e ganhar o céu!

Envergonhado, o pavão nunca mais zombou de nenhum animal da floresta.

freepik.com

Narração

Narração

O gato de botas

Era uma vez, um gato que foi dado como herança a um jovem. Para provar sua serventia, pediu um par de botas e foi para floresta, onde capturou um coelho que levou ao rei, dizendo que era um presente do Marquês de Carabás.

Nos dias seguintes, o gato continuou levando presentes ao rei, sempre em nome do tal Marquês.

Certo dia, o gato levou seu amo para tomar banho em um rio. Nesse momento, a carruagem do rei passou, ele então pediu ajuda, pois haviam levado tudo do Marquês de Carabás, até mesmo suas roupas. O rei, então, o levou ao castelo.

A princesa, ao ver o jovem bem vestido, se apaixonou. O gato então convidou o rei para visitar o castelo do Marquês. Ele saiu na frente e foi até um castelo muito bonito, onde morava um ogro. O gato o desafiou a se transformar em um rato, quando ele transformou-se, o gato o engoliu. No mesmo instante, a carruagem chegou.

Incomodado, o jovem contou toda a verdade à princesa, porém o gato revelou que o castelo era herança do jovem que havia sido tomada pelo ogro.

Feliz, o jovem tornou-se verdadeiramente o Marquês de Carabás e casou-se com a princesa.

shutterstock.com/Danilo Sanino

Narração

O cachorro e o gato

Na fazenda tinha todo o tipo de animais. A maioria vivia de bem uns com os outros, mas com o cachorro e o gato era diferente, não podiam se olhar que estavam sempre de briga. Um dia o gato provocava, no outro o cachorro corria atrás só porque não tinha nada para fazer, e assim os dias passavam.

Essa relação estranha começou a incomodar os animais da fazenda, então dona coruja foi perguntar por que não gostavam um do outro.

- O quê? Quem disse que não gosto dele?

Essa foi a resposta dos dois para a dona coruja. Então ela e os outros animais perceberam que toda aquela correria, latidos e miados, fazia parte da amizade dos dois. Afinal nenhum deles nunca se machucou e nem todas as amizades são iguais.

Narração

A borboleta e o girino

Um dia, uma borboleta ia passeando pelo rio, de repente ela ouve pedidos de ajuda vindos de algum lugar perto da margem. Chegando mais perto, ela avista um girino que diz:

- Por favor, dona borboleta, você poderia ajudar a me alimentar? Estou perdido e sou muito pequeno.

A borboleta, então, traz alguns insetos para ele, pensando logo em ajudá-lo.

Dias se passam e a borboleta resolve visitar seu novo amigo, mas ela não o encontra. Voando mais perto do rio, assusta-se quando vê um sapo:

- Você não está me reconhecendo, amiga borboleta? Eu cresci e agora sou esse sapo por causa de sua ajuda, não sinta medo, porque lhe sou muito grato.

De pequenos gestos despretensiosos, pode nascer uma bonita amizade.

freepik.com

Narração

O filhote preguiçoso

Já fazia dias que mamãe sabiá alimentava seus filhotes, então era chegada a hora deles aprenderem a voar e se alimentar sozinhos. Um a um os passarinhos foram tomando coragem e, em pouco tempo, quase todos estavam voando e sendo independentes.

Porém havia um deles que ainda não tinha saído do ninho, ele era preguiçoso.

A mamãe sabia que não poderia ficar com os passarinhos por muito tempo, então se escondeu em um galho acima do ninho e ficou observando o filhotinho.

Ele olhou, esperou, cantou, gritou, mas como não via a mamãe sabiá, obrigou-se a fazer como os irmãos. Chegou à beira do ninho e saltou para um voo até o chão, onde encontrou uma minhoca.

Lá do galho, mamãe sabiá ficou orgulhosa, pois agora tinha ensinado todos os seus passarinhos a serem independentes.

freepik.com

freepik.com

O ursinho e as abelhas

Havia um ursinho que gostava muito de mel, andava pela floresta sem cuidado algum e vivia pondo o focinho nos buracos das árvores para ver se o encontrava.

- Ursinho, toma cuidado! Você não pode ir pondo seu nariz em tudo que vê, um dia ainda vai encontrar uma abelha – dizia sua mãe.

Mas ele não escutava o que ela dizia. Teve um dia que ventou muito, ele avistou uma colmeia no chão, e achando que estava com sorte, correu até ela e sem cuidado algum começou a bater para tentar tirar o mel.

Nesse momento um enxame de abelhas, donas da colmeia, saiu cutucando o ursinho para defender sua casa.

Ele teve que sair correndo, fugindo das abelhas. Mamãe urso só ficou olhando e rindo. Se não aprende com conselhos... Aprende tendo que resolver o problema que causou.

Narração

A menina e o leão

Em uma floresta, vivia uma família que costumava caçar, porém a filha mais nova não gostava do que o pai e seus irmãos faziam, mesmo eles alertando que havia animais que representavam perigo.

Um dia, a menina saiu para brincar, sem perceber se afastou muito de casa e não sabia mais voltar. Começou então a ouvir rugidos e, mesmo com medo, andou até encontrar a origem do barulho: era um leão preso em uma armadilha.

Indecisa se ajudava ou não, resolveu soltar a corda que o amarrava. O leão ficou surpreso, e sabia retribuir uma gentileza, ofereceu suas costas para que a menina subisse e a levou para casa.

O pai caçador, vendo o que acontecia, agradeceu o leão e percebeu que não precisava fazer mal aos outros para se sentir seguro.

shutterstock.com/Olga1818

Narração

A menina e seu vestido

Uma menina morava em uma casa feia e desarrumada, ia para a escola descabelada e com a roupa suja. A professora olhando a menina pensava: “uma menina tão bonita, não deveria ser tão malcuidada!”. Resolveu, então, presenteá-la com um vestido novo e limpinho, e antes de sair da escola, com carinho, limpou seu rosto.

freepik.com

Quando ela chegou em casa, a sua mãe se deu conta de como ela era bonita e merecia ser bem--cuidada, deu-lhe um banho e penteou seu cabelo. Vendo que sua filha estava linda, a mãe decidiu ficar igual. Depois resolveu organizar a casa também.

O pai, chegando em casa, viu toda aquela mudança e se animou também: cortou grama, pintou a casa... E foi assim que suas vidas foram se modificando.

É preciso uma pequena atitude para incentivar grandes mudanças.

19 Julho

shutterstock.com/inha gráfica

Narração

O passarinho envergonhado

Na floresta, entre os passarinhos, sempre existiam pequenas competições para saberem quem cantava melhor, todos entravam na brincadeira e se divertiam, mesmo aqueles que não cantavam muito bem.

Porém existia um pequeno passarinho que não abria o bico, falava somente o necessário, todos até achavam que ele não podia cantar. Mas, na verdade, ele era muito envergonhado. Ficava imaginando o que os outros iriam pensar dele se ele não cantasse direito.

Um dia, achando que estava sozinho, o passarinho começou a cantar, seu canto era lindo, melodioso e suave. Atrás das árvores os outros pássaros foram se escondendo só para poder ouvir o pequeno, sem atrapalhar.

Quando ele terminou a canção, os outros aplaudiram de admiração, e então o pequeno passarinho percebeu quanto tempo ele perdeu por ser envergonhado.

Narração

shutterstock.com/GraphicsRF

A casa da tartaruga

Certo dia, dona tartaruga resolveu tomar um banho, como seu casco pesava demais, resolveu tirá-lo e pulou na lagoa. Um pequeno caracol que passava por ali, viu o casco da tartaruga e achou que estava desocupado, como tinha perdido sua casquinha, resolveu pegar aquela para si.

Dona tartaruga, ao sair da lagoa, ficou furiosa, quem teria levado sua casa? Mais adiante avistou o caracol e foi reclamar o que era seu.

Todo sem jeito, o caracol disse:

- Desculpe dona tartaruga, peguei porque achei que não tinha dono. Mas sei que o certo é devolver!

A tartaruga ficou compadecida do gesto do pequeno caracol e o ajudou a encontrar uma nova casinha, afinal, quem não comete enganos?

Narração

A girafa e o macaco

A girafa e o macaco caminhavam pela selva, ele ia tagarelando sobre a importância da amizade e como deveria ser um bom amigo, quando avistam uma penca de bananas em um pé bem pequeno. A girafa, por ter o pescoço muito comprido, não conseguiu comer nenhuma banana e o macaco, meio egoísta, não lhe ofereceu nenhuma.

Mais adiante avistaram mais bananas, porém estas estavam em um pé muito alto, embora o macaco fosse bom em subir em árvores, a girafa, sem esforço, pegou a penca primeiro. O macaco então pediu se ela podia dividir com ele.

- Embora você tenha sido egoísta há pouco, vou dividir com você, pois para ser um bom amigo não basta falar, mas sim agir.

freepik.com

Narração

O urso, o mel e os caçadores

Existia na floresta um urso muito guloso, não se preocupava com o perigo que corria, se como resultado pudesse comer um pouco de mel. Seus amigos sempre lhe diziam:

- Toma cuidado urso, que um dia ainda vai encontrar um caçador!

Mas ele não os ouvia.

Certo dia, andando pela floresta, viu no chão um tronco de árvore e dentro dele, mel. Sem pensar correu para comê-lo, mas antes de chegar, ficou preso em uma armadilha. Nesse momento, um caçador desceu de uma árvore rindo da ingenuidade do urso e disse:

- Boa caçada! Esse urso é dos grandes, vou chamar ajuda.

Enquanto o homem chamava seus companheiros, o urso se desesperou e começou a gritar.

Ao ouvirem o urso, os animais saíram correndo para ajudá-lo. Conseguiram tirá-lo das cordas e fugir em segurança.

Depois do susto, o urso aprendeu que cuidado nunca é demais.

shutterstock.com/Olga Utchenko

Narração

O grilo e a formiga

shutterstock.com/ natileva

Em uma tarde, o grilo e a formiga estavam novamente discutindo quem era o mais rápido. Ele vivia incomodando a formiga por causa de suas pernas pequeninas.

A formiga, chateada, propôs uma corrida para pôr fim a tanto falatório. Teriam que correr até o outro lado da floresta.

Quando chegou a hora marcada, o grilo saiu pulando na frente da formiga e sumiu de vista, presunçoso, parou em um riacho para tomar água e encontrou uma pulga com quem ficou conversando, esquecendo-se da corrida.

Quando se deu por conta, já era tarde. A formiga já havia passado a linha de chegada. Ele, então, percebeu que não se deve zombar, nem menosprezar os outros.

Narração

O coelho e a cabra

Certo dia, o coelho saiu para colher suas cenouras, quando voltou, encontrou a porta trancada, então pensou: “quem está aí dentro?”. Bateu à porta.

Quem abriu a porta foi uma cabra, e ainda disse que ele deveria ir embora porque aquela casa, agora, pertencia a ela.

O coelho saiu em busca de ajuda. Encontrou o boi, mas ele disse que estava ocupado. Depois o cachorro, porém ele ia dormir. Estava andando triste, quando uma abelha lhe perguntou o que estava acontecendo. O coelho então explicou toda a história.

A abelha foi até a casa do coelho e bateu à porta. Quando a cabra abriu, ela lhe deu uma ferroada tão forte que a cabra correu e nunca mais voltou.

E foi assim que uma abelha tão pequenina pôde ajudar um amigo.

freepik.com

25

Julho

O peru e o galo

Certo dia, apareceu um peru no galinheiro onde já era território do galo. As galinhas passaram a dar mais atenção ao novo morador, deixando o galo com ciúmes.

Ele, então, voou para fora do galinheiro e ficou esperando o peru para um acerto de contas. Quando ele passou, começaram uma briga, fazendo voar penas para todos os lados.

Resultado: de dois animais elegantes, sobraram duas aves briguentas e depenadas por quem nenhuma galinha se interessou mais.

freepik.com

Narração

Os ratinhos cegos

shutterstock.com/ Basjan Bernard

Os ratinhos estavam felizes, pois não precisavam trabalhar, viviam brincando e descansando o dia todo. Porém, o rei percebeu que seu reino estava ficando sem dinheiro, então declarou que todos deveriam trabalhar uma parte do dia para poder pagar pelo que comiam, só havia uma exceção: aqueles que tinham necessidades especiais.

Os ratinhos quiseram dar uma de espertos, fingiram que eram cegos, assim não precisariam trabalhar. E o rei assim declarou.

Porém, na farsa que inventaram, eles mesmos caíram. Certo dia, eles erraram uma das ruas do reino e foram parar na vizinhança onde morava um gato e com ele tiveram que lutar por suas vidas. Conseguiram voltar em segurança, porém agora todos sabiam que eles não tinham nenhum problema.

O rei então decretou que eles deveriam trabalhar dobrado, pois deveriam pagar tudo o que estava em atraso.

Narração

O cachorro e seu dono

O cachorro vivia se exibindo pela fazenda, dizia que era o animal preferido do dono, pois sempre estava com ele, ia à caçadas, tinha a melhor comida e ainda à noite, dormia protegido a sua porta.

Nenhum animal da fazenda aguentava tanto falatório, nem conversavam mais com o cachorro.

O tempo foi passando, ele foi ficando velho e não conseguia mais acompanhar o dono em todas as atividades. Então, um dia, apareceu outro cachorro, mais novo, que passou a ocupar o seu lugar.

O velho cachorro, então, percebeu o quanto foi mesquinho com os outros animais, e agora não tinha mais seu dono e nem um amigo.

shutterstock.com/ Teguh Mujiono

Narração

O leão e o elefante

O leão estava fazendo a ronda pela selva para ver se o reino estava bem cuidado, quando ouviu pedidos de socorro de um elefante. Ao chegar perto, viu que o animal estava sendo ameaçado por um caçador.

O leão não gostou e foi ajudá-lo, afinal nenhum homem deveria interferir no ciclo da vida. Afugentou o caçador e mandou que o elefante corresse.

Dias depois, o elefante encontrou o leão preso em um buraco, era uma das armadilhas do caçador, então ele retribuiu a gentileza e o tirou de lá. Afinal, quem faz o bem sempre é recompensado.

shutterstock.com/ Olga Utchenko

29 Julho

Narração

O tigre e a formiga

freepik.com

Certo dia, a formiga passou pelo tigre e lhe cumprimentou, porém o tigre achando a formiga insignificante nem respondeu.

No dia seguinte, ela lhe cedeu passagem na estrada em que estavam, mas ele nem tomou conhecimento dela. Ela acabou ficando triste com tal comportamento, pois não merecia ser tão maltratada.

Dias depois, o tigre passou pelo leão e recebeu o mesmo tratamento que deu à formiga, então sentiu na pele a mesma frustração do pequeno animal.

Envergonhado, foi até ela e lhe pediu desculpas, pois não importa quanto diferentes eram, ele lhe devia respeito.

Narração

O gato e o cachorro

Em uma casa moravam um gato e um cachorro, porém tinham, vidas bem diferentes. Enquanto o gato vivia solto dentro e fora de casa, o cachorro ficava acorrentado no fundo do quintal. Como se não bastasse a diferença de tratamento, o gato ainda zombava da viva do cachorro.

Um dia, o felino em seu passeio pela rua, encontrou-se com um cachorro feroz que passou a persegui-lo até um beco sem saída. O cachorro de casa, ouvindo os miados do gato, soltou-se da corrente e foi ao socorro do companheiro.

Surpreso, o gato perguntou por que ele tinha agido daquela forma, e ele respondeu:

- Sempre devemos retribuir o mal com o bem, sem olhar a quem.

Narração

A aranha e as uvas

Certa vez, a aranha procurava um lugar para construir sua teia, porém queria que fosse um local que não oferecesse perigo e tivesse comida farta. Encontrou, então, um parreiral de uvas e no cacho de uva mais bonito, que atrairia mais insetos, montou sua casa.

Viveu ali durante muito tempo, tranquila e sossegada. Porém tudo que é bom, também tem um fim. Chegando a época da colheita, todas as uvas foram colhidas e levadas para a vinícola, onde foram espremidas para virar vinho.

E entre elas estava o cacho de uva da aranha, que só não foi espremida, porque saiu correndo.

O feitiço quase virou contra o feiticeiro, o mesmo cacho de uva que atraiu tantos insetos para a aranha, quase causou sua própria morte.

freepik.com

Agosto 1

Narração

shutterstock.com/ Muhammad Desta Laksana

O rato e o queijo

Fazia dias que o ratinho vinha encontrando pouca comida, procurava algo que pudesse matar sua fome quando viu, em cima da mesa, um enorme pedaço de queijo. Podia até sentir o cheirinho...

Porém a mesa era muito alta e ele, diferente dos outros ratos, não conseguia subir nela. Começou, então, a fazer planos de como faria para pegá-lo. Decidiu subir na cortina, que ficava ao lado da mesa, e depois pular até o seu banquete.

Pobre rato, não calculou direito a distância da cortina até a mesa e se esborrachou no chão.

Todo dolorido, com fome e frustrado, saiu dizendo:

- Na verdade eu não queria aquele queijo, mesmo! Está todo bolorento e já tem até um cheiro ruim!

Narração

O sabiá e o joão-de-barro

Todas as manhãs os sabiás faziam uma cantoria na floresta, toda a bicharada parava para ouvir. Um joão-de-barro ficava encantado e queria fazer parte daquele coral tão bonito, então foi pedir aulas com o sabiá mais velho, este ficou feliz com o pedido, porém perguntou:

- Mas, joão-de-barro, por que quer ser igual aos outros? O seu canto já é bonito!

Certo dia choveu e ventou muito, e vários passarinhos ficaram desabrigados. Virou uma confusão. O joão-de-barro, vendo aquela situação, se ofereceu para construir casinhas para quem precisasse, e assim fez. Então ele descobriu que, de um jeito diferente, poderia encantar os outros. Passando pelo sabiá falou:

- Tinha razão, sabiá. Na vida todos podemos aprender a fazer algo diferente, mas a minha verdadeira vocação é ser construtor!

freepik.com

Narração

shutterstock.com/ Aga Es

As ovelhas e o lobo

Em uma tarde, as ovelhas discutiam como poderiam fazer para se livrar de um lobo que andava pela redondeza, de tempos em tempos uma delas sumia, nem o pastor conseguia garantir sua segurança. Discutiam:

- Precisamos achar uma forma de saber quando o lobo irá atacar!

- Mas como? Ele é muito rápido e silencioso!

- É isso, precisamos arrumar um jeito dele fazer barulho. Então teremos tempo de fugir.

- Que tal um guizo amarrado ao pescoço?

Todas acharam a ideia interessante, o problema era fazer o lobo usar o tal guizo. Resolveram mandar o presente pelo correio com um bilhete exaltando suas qualidades e como era merecedor de tal presente.

No dia seguinte, quando as ovelhas estavam no pasto, elas ouviram o barulho do guizo. Saíram correndo a procura do pastor e se esconderam em uma caverna.

E foi assim que a esperteza superou o perigo.

Narração

A onça e o coelho

Certo dia, uma onça que andava pela floresta, encontrou um coelho. Quando ele percebeu, já era tarde, a onça já o havia apanhado.

- Não me coma, dona onça! Sou muito pequeno.

- Você pode ser pequeno, mas daria uma boa sobremesa!

- Faremos um acordo. Se me deixar ir, fico te devendo um favor. Ninguém sabe quando se vai precisar!

- Essa é interessante, olhe meu tamanho para precisar de um bicho tão pequeno e fofinho como você! Mas tudo bem, já estou satisfeita por hoje, pode ir.

Dias depois, a onça ficou presa em uma armadilha dos caçadores, já estava exausta de tanto se debater quando percebeu que as cordas que a prendiam começam a ficar mais soltas. Olhando para o lado, ela viu o coelho soltando a armadilha. Envergonhada, ela agradeceu ao pequeno animal, pois agora ela sabe que a ajuda pode vir de onde menos se imagina.

freepik.com

Narração

O castor e o macaco

Vivia na floresta um castor que tinha fama de trabalhador, estava sempre consertando, ou construindo algo diferente. Além de trabalhador, ele ainda era atencioso com quem lhe pedia ajuda, ajeitar uma toca não era problema.

Vizinho ao castor vivia um macaco, perambulava para cá e para lá o dia inteiro e não fazia nada que rendesse. Ele avisava:

- Macaco, primeiro ajeita tua casa que está vindo a época de chuvas, depois você pode fazer suas brincadeiras sossegado.

Mas o macaco não o escutava. Dizia que chuva não era um problema, tinha muito tempo e que faria depois.

freepik.com

Mais uma vez o castor estava certo, tanto choveu que o macaco começou a ficar cansado de viver molhado, foi então bater à porta do amigo. O castor então impôs uma condição:

- Você até pode entrar e desfrutar de minha casa, mas ao primeiro sol, irá construir uma para ti.

O macaco, então, ouviu o amigo e aprendeu que primeiro se faz os deveres, para depois aproveitar o tempo que sobra com brincadeiras.

Narração

freepik.com

O ratinho e o hamster

Um dia, um ratinho magricela ia correndo pela casa, procurava por comida. Foi quando encontrou um novo morador. O hamster parecia bem-alimentado, de pelo fofinho. Resolveu dar as boas-vindas e perguntar como conseguira aquela aparência bem-cuidada.

- É bem simples! – disse o hamster. – Se você quiser, posso lhe mostrar. Seria legal ter um amigo para eu não ficar sozinho.

O ratinho disse que há tempo sonhava com uma vida assim, então seguiu o novo amigo até uma gaiola. Ficou espantado quando viu o hamster entrando nela, então, disse:

- Amigo, se para ter comida e ser bem-cuidado como você terei que ficar trancado aí, prefiro passar um pouco de fome e poder andar pela vizinhança. Até posso vir fazer uma visita de vez em quando.

O ratinho então foi andando, desfrutando de sua liberdade.

Agosto 7

Narração

freepik.com

O gato e o pedaço de carne

Certa noite, um gato corria pela casa perseguindo um rato. Finalmente, encurralando o pequeno em um canto, consegue abocanhá-lo.

Quando o felino ia levando sua presa para ser devorada, passou embaixo da mesa de jantar e viu um belo pedaço de carne caído no chão, então pensou: “dia de sorte, tenho um rato e um bom pedaço de carne para comer”.

Porém, na ansiedade de segurar os dois, o rato percebeu que o gato já não o segurava com tanta força, então deu um pulo, se soltou e saiu correndo. No mesmo instante a dona da casa ajuntou a carne e a jogou no lixo.

O gato, então, saiu se lamentando de barriga vazia, achou que ficaria com os dois e acabou ficando sem nenhum.

Narração

O abraço da raposa

Há tempos a raposa corria atrás de uma galinha, mas não conseguia pegá-la. Cansada de ficar do lado de fora do galinheiro, a raposa resolveu usar a esperteza e disse que queria fazer as pazes. Era feio duas senhoras viverem brigando daquele jeito. E, como prova da amizade, a raposa queria abraçar a nova amiga.

A galinha ficou desconfiada de tamanha bondade, depois de tanto tempo tendo que fugir para não virar comida, então disse:

- Mas que boa notícia, dona raposa. Espere, já vou sair do galinheiro. E aproveitando que hoje é um dia de abraços, deixe que chamo o cachorro da fazenda que está passando atrás daquela árvore. Você aproveita e o abraça também.

- Um cachorro! – disse a raposa. – Pode deixar, eu volto outro dia!

Ela foi embora com medo e desanimada, pois havia caído em seu próprio plano.

freepik.com

Narração

freepik.com

Quem ajuda a dona pata?

Era tempo de colheita na fazenda, dona pata, então, pediu ajuda aos outros animais para colher o trigo e levá-lo ao moinho, pois com a farinha, ela poderia fazer um pão bem gostoso para todos.

O cavalo falou que estava cansado de um dia de trabalho, o porco estava bem confortável em sua lama, e assim foi. Todos os animais com quem ela havia conversado deram algum tipo de desculpa. Então, lá foi a dona pata fazer todo o trabalho sozinha.

Depois de pronto, o pão fresquinho tinha um cheirinho que atraiu os animais até a casa dela, todos queriam um pedaço do delicioso alimento. Porém, ela disse:

- Quando pedi, ninguém veio me ajudar. Agora, tenho meus patinhos para alimentar.

Narração

Qual é o nome?

shutterstock.com/ Aga Es

Um moleiro espalhou o boato que sua filha sabia tecer palha em ouro. O rei, querendo uma prova, a levou para o castelo e disse que se não transformasse a palha que havia no quarto em ouro, ficaria presa para sempre.

A jovem começou a chorar, pois não havia como fazer aquilo. De repente, um anão apareceu, e em troca do colar dela, transformou a palha em ouro.

Na noite seguinte, o rei prometeu se casar com ela caso o feito se repetisse, porém a jovem não tinha mais nada para dar ao anão, ele então pediu seu primeiro filho.

O rei casou-se com a jovem e, um ano depois, tiveram um bebê. A rainha ficou horrorizada quando o anão apareceu para cobrar a promessa. Ela chorou tanto que ele lhe deu três dias para tentar adivinhar o nome dele.

Ela então começou uma busca por todos os nomes, mas nenhum era o correto. No terceiro dia, um dos mensageiros disse que vira um anão, ele cantava uma música estranha e falou um nome: Rumpelstichen.

A rainha ficou radiante e quando o anão chegou, foi logo dizendo seu nome. Ele ficou tão enfurecido que acabou sumindo.

Ela, então, pôde ser feliz com sua família.

Narração

Os músicos de Bremen

Certa vez, quatro animais de um vilarejo: um burro, um cão, um gato e um galo, já velhos e cansados do que faziam, decidiram ir a Bremen, cidade onde pretendiam ser músicos profissionais.

No meio da viagem escureceu e eles precisaram arrumar um lugar onde dormir, viram uma casa com luzes e dentro dela, ladrões. Inocentemente, apoiaram-se uns nas costas dos outros e decidiram cantar para receber alguma comida, porém os ladrões assustaram-se com tamanha barulheira e saíram correndo. Os animais então entraram na casa e desfrutaram de tudo o que sobrou. Como estava tarde, foram dormir.

Durante a madrugada, os ladrões decidiram voltar e como não havia luzes acesas, um deles entrou para averiguar. Acendeu uma vela para tentar enxergar, mas isso assustou o gato que lhe deu um arranhão, o burro então lhe deu um coice, o cachorro mordeu sua perna e o galo deu bicadas e cacarejou. O homem saiu correndo e aos companheiros disse que dentro da casa havia uma bruxa, um fantasma, um ogro e um juiz que dizia para prendê-lo.

Os ladrões nunca mais voltaram àquela casa, então os animais desistiram de ir até Bremen e viveram felizes ali.

shutterstock.com/sababa66

Narração

O menino e os pregos

Havia um menino que era conhecido pelo seu temperamento explosivo, estava ficando sem amigos e foi conversar com seu pai sobre isso. Ele disse que saber se controlar era uma das coisas mais difíceis, mas que ele precisava aprender, então lhe deu um saco de pregos e pediu que pregasse um na cerca, cada vez que perdesse a calma.

Nos primeiros dias, o menino levou um susto tamanha a quantidade de pregos. Com o passar do tempo ele foi melhorando e os pregos diminuindo, até chegar ao ponto de não precisar pregar mais nenhum. Então o pai lhe disse que para cada dia que ele passasse sem perder a calma, ele poderia tirar um dos pregos. Em certo tempo, não havia mais pregos na cerca.

Então o pai pegou o menino pela mão e disse:

- Filho, você melhorou, está de parabéns, tirou todos os pregos, mas veja, eles deixaram marcas e nunca mais essa cerca será a mesma. Pedir perdão é importante, mas não apaga a mágoa que a outra pessoa sentiu.

O menino entendeu o que o pai disse e percebeu como é importante as boas atitudes.

shutterstock.com/ NotionPic

Narração

O rato e a ratoeira

Um fazendeiro, vendo que uma parte de sua colheita estava sendo comida por um rato, foi até a cidade e comprou umas ratoeiras. Quando o rato viu o que o fazendeiro trazia consigo, ficou desesperado e saiu avisando os outros animais para ter cuidado que havia ratoeiras na casa.

Porém a vaca, a galinha e porco disseram que nada tinham com isso, que era um problema do rato. Ele, então, ficou triste pensando em seu fim.

Durante a noite, a ratoeira fez um barulho e a esposa do fazendeiro foi ver o que havia pegado. No escuro, ela não percebeu que nela estava presa uma cobra que a picou. Durante dias ela ficou muito mal, e para curá-la, entre os remédios, o fazendeiro deu à esposa uma canja de galinha. Também serviu carne de porco aos vizinhos que foram ajudar com o serviço na fazenda.

Um dia, o rato encontrou a vaca que estava apavorada:

- Desculpe amigo rato, dissemos que a ratoeira não era problema nosso, porém estávamos enganados. Veja o que aconteceu a galinha e ao porco.

Sempre que um problema surge ele é de todos e cabe a todos resolvê-lo.

shutterstock.com/ Roman Malyshev

Narração

A carroça vazia

Um dia, um menino e seu pai iam caminhando pela estrada, quando ouvem um barulho. O menino diz:

- Esse barulho parece de uma carroça.

- Sim, é uma carroça vazia.

- Como o senhor sabe que ela está vazia, se nem a vimos?

- Por causa do barulho. Quanto mais vazia, mais barulho ela faz.

O menino levou o ensinamento para a vida, então, quando encontra uma pessoa que fala demais, é inoportuna ou se intromete na conversa dos outros, logo lembra-se da carroça barulhenta e vazia.

Quem fala demais, comete mais erros.

Narração

freepik.com

A gaivota e o rato

Uma gaivota voava, quando avistou um rato. Chegou perto e ficou analisando o animal, pensou: "onde estão suas asas? Pobrezinho, deve ter sido atacado por algum outro animal e ficou sem elas".

Nesse mesmo momento o rato olhava "aquelas coisas estranhas que saíam da gaivota", pensou que aquele animal poderia ter algum problema.

Compadecida, mas sem perguntar nada, a gaivota pegou o rato e o levou para dar uma volta no céu, achou que ele poderia estar com saudade. Porém, quando chegou ao chão, viu que o rato passava mal, estava pálido e no momento em que se recuperou, saiu correndo de perto da gaivota, afinal, ele não era uma ave e gostava de viver no chão.

Portanto, antes de tomar decisões pelos outros, é importante saber se é esse o seu desejo.

Narração

As rosas

Um peregrino, quando passava por um vilarejo, percebeu que lá não existiam rosas.

Ele disse aos moradores que levaria a delicada flor para que a conhecessem, porém morava longe e se as cortasse, elas não resistiriam à viagem. Levou, então, as sementes.

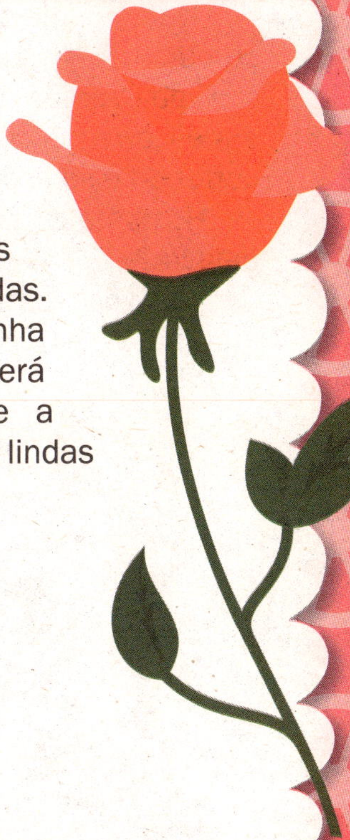

As pessoas, assim que perceberam que ele não havia trazido as rosas, logo perderam o interesse.

Triste, ele entregou as sementes a uma criança e disse:

- Pequeno, você é diferente das pessoas grandes que são apressadas. Pegue essas sementes e plante, tenha um pouco de paciência, e então verá a mágica que acontecerá durante a primavera. No devido tempo, você terá lindas rosas vermelhas.

shutterstock.com/ SilviaC

Narração

O gato e a barata

Uma barata estava correndo em cima da mesa, com sede, tentou beber água em um copo, mas se desequilibrou e caiu dento dele. Quanto mais se debatia para tentar sair, mais água tomava e, por isso, estava quase sem fôlego.

De repente ela percebeu um gato olhando para ela, então pediu ajuda:

- Gatinho, me salva. Se você me salvar deixo você me comer.

O gato, então, virou o copo para a barata sair. Porém, ela escorregou com a água e caiu direto no chão, saiu correndo e se escondeu em um buraco na parede.

- Ei, barata, aonde você vai? Não vai cumprir sua palavra?

- Só você para acreditar em uma barata velha e mentirosa.

freepik.com

Narração

O leão e seu filhote

Em uma tarde de calor, na selva, o leão estava afiado suas garras, junto com seu filhote, ele pergunta:

- Papai, por que o senhor está afiando as garras se agora não há nenhum animal ao nosso redor para caçar?

- Eu sei que não há nenhum animal na redondeza, porém, quando estivermos com fome e formos caçar, precisaremos estar prontos.

O leãozinho então entendeu que sempre deveria estar preparado para quando precisasse.

shutterstock.com/ NotionPic

Narração

shutterstock.com/ Valadzionak Volha

O coelho e as cenouras

Um coelho trabalhador tinha uma plantação com as mais belas cenouras da floresta. Porém estava com um problema: algumas delas estavam sumindo. Então preparou uma armadilha para pegar o ladrãozinho.

Certo dia, na armadilha, ele pegou uma toupeira e um esquilo, que disse:

- Por favor, senhor coelho, me deixe ir. Não queria lhe causar nenhum mal. Só vim porque a toupeira me disse que eu poderia encontrar comida. E nem como cenouras!

- Não importa que você não coma cenouras, esquilo. Mas sim, que estava fazendo o que não era certo, estava junto com a toupeira pegando o que não era seu.

O esquilo aprendeu dois ensinamentos naquele dia: não deveria dar ouvido a qualquer um e muito menos pegar o que não é seu.

O leão e a coruja

Certo dia, o leão estava caminhando pela selva, quando pisou em um arbusto de espinhos e um deles entrou em sua pata. Por mais que tentasse tirá-lo, sozinho não estava conseguindo. Então foi procurar ajuda com a dona coruja, porque era sábia.

Depois de retirado o espinho, o leão já ia saindo quando a coruja comentou:

- O senhor não vai, ao menos, agradecer?

- Sou o rei dos animais - disse o leão - era o seu dever me ajudar.

Então a coruja percebeu que de certas pessoas não se pode esperar, nem ao menos, gratidão.

freepik.com

Narração

As raposas

Duas raposas, conseguindo pegar uma galinha do galinheiro, fogem em disparada para a floresta. Sentindo-se seguras, dividem o que pegaram.

Porém começa uma discussão entre as duas, uma delas dizia que a partilha não fora justa.

Enquanto brigavam, um lobo que viu toda a situação, chegou sem fazer barulho e levou a comida das duas. Quando elas perceberam o que tinha acontecido já era tarde, o lobo estava longe.

Por causa de uma discussão sem importância, perderam o que tinham para comer.

freepik.com

Narração

shutterstock.com/ Lio Putra

O gato e o rato

Certa vez um gato, que havia saído de sua casa para um passeio, não prestou atenção à rua e foi atropelado. Tentando se recuperar, deitou em sua casa sem poder se mexer, porque sentia muita dor.

Quando o ratinho passou correndo, ele pediu:

- Por favor, senhor rato. Traga-me um pouco de água.

- Você corre o tempo todo atrás de mim para me comer e agora pede que eu te traga água?

- Desculpe, percebo agora que o melhor era termos ficado amigos.

O ratinho ajudou o gato, que se recuperou. A partir de, então, nasceu uma bonita amizade.

Narração

O macaco e o corvo

Um macaco ia contente pela floresta, pois havia conseguido roubar um pedaço de pão de uma cesta de piquenique. Distraído, deixou a comida cair e nesse momento um corvo apareceu, lhe tomou o pão e voou até uma árvore muito alta.

O macaco foi atrás, reclamando que havia sido roubado. O corvo, em cima da árvore, engoliu em uma bocada o pão e respondeu:

- Você, roubado! Como pode reclamar se fez o mesmo mal àquelas pessoas que trouxeram a cesta de piquenique?

Não faça aos outros, aquilo que não quer que façam a você.

freepik.com

Narração

Os porcos-espinhos

shutterstock.com/ judia

Em um inverno muito frio, a neve havia se acumulado e os animais estavam sofrendo, pois não tinham comida e nem como se aquecerem.

Foi então que os porcos-espinhos tiveram a ideia de ficar bem juntos, assim o calor de um aqueceria o outro e todos ficariam quentinhos. Porém os espinhos, por causa da proximidade, feriam seus companheiros, então voltaram a ficar afastados e a passar muito frio.

Como perceberam que dessa forma poderiam acabar morrendo, tentaram mais uma vez. Aproximaram-se devagarinho, e fazendo essa escolha, aprenderam a conviver com os pequenos cutucões que os amigos lhes davam.

Narração

O gato e a ratoeira

Um gato, cansado de correr atrás de um rato pela casa, resolveu usar da esperteza para se livrar dele. Montou uma ratoeira, pensou que assim não precisaria mais correr e, como achava que o rato não tinha conhecimento desse tipo de armadilha, em pouco tempo teria seu jantar.

Quando a noite chegou, as luzes se apagaram e todos foram dormir. Porém o gato ficou com sede e resolveu ir até a cozinha. No meio do caminho ouviu um barulho e sentiu uma dor muito forte em seu rabinho.

No momento em que a luz acendeu, percebeu que estava preso na ratoeira. Como se não bastasse, ouviu a risada do rato:

- Gato atrapalhado, bem se vê que nunca viu uma ratoeira na vida, se acha muito esperto e caiu em sua própria armadilha. Vou ajudar, porque até gosto de você.

O ratinho saiu andando e cantarolando, enquanto o gato ficou só olhando com cara de bobo.

freepik.com

Narração

O sapo e o escorpião

Certa vez, um escorpião precisava atravessar um rio para continuar seu caminho. Percebendo que não conseguiria fazer isso sozinho, resolveu pedir isso a um sapo, que respondeu:

- Por que faria isso? Tenho certeza de que você, sendo um escorpião, me daria uma picada e eu ficaria paralisado.

- Não daria, não! Até porque se fizesse isso, você não conseguiria nadar e eu também me afogaria. – respondeu o escorpião.

Depois de dias de insistência, o sapo aceitou. E quando estavam quase terminando a travessia do rio, o escorpião picou o sapo.

- Por que fez isso? – perguntou o sapo.

- Não sei, acho que é por causa de minha natureza – respondeu o escorpião.

O sapo percebeu tarde demais que se algo representa a maldade, não deve ser tomado como bom ou confiável.

freepik.com

Narração

Assembleia na carpintaria

As ferramentas estavam discutindo na carpintaria, apontavam os defeitos uns dos outros. Disseram que o martelo fazia muito barulho, o parafuso enrolava demais para fazer as coisas, a lixa era muito áspera para conversar com os demais e a trena sempre media os outros segundo seus critérios.

A discussão corria solta, quando chegou o carpinteiro pegou as ferramentas e começou a trabalhar a madeira rústica que, em pouco tempo, transformou-se em um lindo móvel.

Quando o carpinteiro foi embora, o martelo disse que estavam agindo errado. Estavam dando muita importância a seus defeitos, que eram mínimos comparados as suas qualidades e ao que poderiam fazer juntos.

shutterstock.com/iralu

Narração

freepik.com

A onça e o bode

Certo dia, um bode decidiu construir uma casa. Limpou o mato, tirou as pedras e como estava anoitecendo, foi embora.

Pouco depois passou uma onça, que vendo o terreno preparado, também decidiu fazer uma casa ali, construiu então as primeiras tábuas da casa.

No dia seguinte, o bode voltou e achou o que já estava pronto, então agradeceu a Deus pela ajuda, terminou as paredes e foi embora. A onça voltando, encontrou as paredes prontas e construiu o telhado. E assim eles foram, cada um construindo um pouco em cada momento sem que o outro soubesse. Para terminar, o bode colocou a porta e a onça as janelas, e no dia seguinte, resolveram se mudar.

O bode chegou primeiro, em seguida chegou a onça. Conversando sobre o que tinha acontecido, perceberam que ambos tinham trabalhado muito e feito um bom trabalho, portanto a casa pertencia aos dois.

Resolveram, então, morar juntos e ali começaram uma bonita amizade.

Narração

A onça e o tatu

freepik.com

Certo dia, um tatu ia fugindo de uma onça. Ela, muito maior, e por isso mais ágil, quase o pegou quando ele se escondia dentro de uma toca.

A onça, então, pôs a pata no buraco e pegou o rabinho do tatu.

- Acha que pegou meu rabinho! – riu o tatu, fingindo zombar da onça.

A onça, irritada, largou o que estava segurando.

- Ora, de fato agora largou meu rabinho – disse o tatu, aliviado.

A onça ficou esperando ainda por um bom tempo o tatu sair do buraco, mas ele, mais esperto, já havia encontrado um outro lugar para sair e estava longe.

De fato, às vezes a inteligência do menor, supera a força do maior.

Narração

A onça e o macaco

Já fazia tempo que a onça queria pegar o macaco, mas não conseguia, pois ele subia nos galhos mais altos das árvores e ainda zombava dela. Resolveu usar a esperteza, mandou a raposa espalhar o boato que ela havia morrido.

Pouco tempo depois, todos os animais da floresta estavam preparados para velar a onça. O último a chegar foi o macaco que então perguntou:

- A dona onça já espirrou?

Os animais olharam-se estranhando a pergunta.

- Porque minha avó – continuou o macaco – quando morreu, espirrou três vezes.

A onça que ouvia tudo que o macaco falava espirrou três vezes.

- Há,há,há! - riu o macaco. Nunca vi defunto espirrar! – disse o macaco.

Todos os animais perceberam que a morte da onça era uma farsa e saíram correndo.

O macaco saiu rindo mais uma vez, porque foi mais esperto que a onça.

freepik.com

Narração

A galinha e os lençóis

Certo dia, dona galinha estava andando pela casa, quando olha pela janela e vê que sua vizinha estava pendurando a roupa no varal. Não demora, ela comenta com o galo:

- Como ela tem coragem de pendurar essa roupa toda suja e encardida no varal? Deveria ter vergonha!

O galo olha, mas não fala nada.

No outro dia, o fato volta a se repetir, a vizinha pendura a roupa, a galinha comenta e o galo somente olha.

No terceiro dia, quando a galinha ia pronta para comentar sobre os lençóis da vizinha, se espanta, estavam branquíssimos, reluziam ao sol. Então comenta com o galo que finalmente a vizinha tinha ficado com vergonha e lavado direito a roupa. O galo então responde:

- Dona galinha, não foi a vizinha que ficou envergonhada, pois ela sempre lavou muito bem a roupa dela, eu é que cansei de suas reclamações e limpei o vidro de nossa janela.

A galinha ficou tão envergonhada que nunca mais falou mal dos outros.

shutterstock.com/GraphicsRF

1 Setembro

Narração

A raposa e o lenhador

Certo dia um fazendeiro encontrou um filhote de raposa, e como seu filho havia se apegado a ela, deixou que ficassem juntos.

O tempo ia passando e os dois crescendo. Porém os vizinhos diziam:

- Fazendeiro, você está desafiando a natureza. Quando essa raposa ficar grande e resolver seguir o instinto, não irá sobrar uma galinha em seu galinheiro.

Mas o fazendeiro não dava ouvidos aos comentários.

Um dia, ao chegar do serviço, viu a porta do galinheiro aberta. Pensando justamente nos comentários dos vizinhos e em como havia sido tolo, pegou a raposinha e, quando ia expulsá-la da fazenda, viu outra raposa, muito maior, sair do galinheiro.

Ele, então, ficou envergonhado, e aprendeu que não se deve culpar um inocente somente por comentários maldosos de outras pessoas.

freepik.com

Narração

shutterstock.com/Amplion

As duas pulgas

Duas pulgas estavam preocupadas com sua rotina de alimentação, então contrataram a consultoria de alguns animais.

Primeiro conversaram com uma mosca, pois queriam aprender a voar. Não satisfeitas, falaram com a abelha, pois ela era rápida com método chega-suga-voa. Porém achavam que ainda poderiam melhorar a forma de armazenamento do sangue, então conversaram com o mosquito, que lhes deu aulas de como aumentar o tamanho do abdômen.

Feitas todas essas mudanças, elas ainda não estavam satisfeitas, pois agora tinham ficado muito grandes e o cachorro logo percebia quando elas estavam por perto. Foi quando encontraram uma pequena e saltitante pulguinha, que se assustou com o tamanho das companheiras. Então comentou:

- Também fiz consultoria, porém com uma lesma, que depois de muita observação, me orientou a simplesmente mudar o lugar onde eu estava, disse que eu deveria ficar bem trás da cabeça do cachorro, que assim ele não conseguiria me pegar.

Às vezes, para ter melhores resultados, basta somete uma pequena mudança.

Narração

O pássaro que enganou o gato

Certo dia, um gato que se achava muito esperto, disse ao passarinho que estava no alto do galho de uma árvore, que haviam proclamado a paz entre todos os animais, não existiam mais presas e nem predadores.

- Que notícia maravilhosa, senhor gato – disse o passarinho – espere que já vou descer para lhe cumprimentar. Podemos nos encontrar na casinha do Rex, o cachorro do vizinho, assim o cumprimentamos também.

O gato, então, deu uma desculpa e saiu pulando do telhado, furioso com a esperteza do passarinho.

freepik.com

Narração

Quem avisa...

Era início de outono, as formiguinhas estavam coletando as últimas folhas e grãos para depois se recolher em seu formigueiro, para passar o inverno. Uma delas, a mais estressada e teimosa, estava preocupada que suas provisões não fossem o suficiente.

Um dia, ela viu uma folhagem ainda verde, só tinha um problema: ficava do outro lado do rio. Então ela disse:

- Olhem, há uma trilha de pedras que atravessa o rio. Podemos ir até lá.

- É muito arriscado, não vale a pena. Já temos o suficiente – disse uma amiga.

- Você diz isso porque é preguiçosa!

- Digo porque me preocupo com você. Não vá.

Ela não deu ouvidos a amiga e foi, sozinha, buscar a folha. Porém, na volta, estava com muito peso, se desequilibrou e caiu na água.

Suas amigas ficaram apavoradas, mas conseguiram, com a ajuda de uma pombinha, tirá-la da água.

Então a formiguinha teimosa aprendeu que quem avisa amigo é.

shutterstock.com/Dreamcreation

Narração

A lebre e o castor

A lebre era conhecida por ser rápida em tudo o que fazia, os animais a respeitavam por essa qualidade. Porém, sempre estava desafiando os outros para corridas ou fazer outras tarefas.

Um dia, chegou para o castor, que estava iniciando a construção de uma casa, e disse:

- Olá castor, também preciso construir uma casa. Vamos ver quem termina primeiro?

- Há coisas, dona lebre, que não dependem de velocidade, mas sim de um trabalho bem-feito!

- Mas eu posso ser rápida e, ainda assim, fazer as coisas com qualidade.

E em menos de um dia construiu uma casa para si. O castor só olhava o trabalho dela, balançava negativamente a cabeça e continuava, paciente, a construir a sua. Depois de dias, ele acabou o serviço.

Naquela noite, ventou e choveu muito, de repente o castor ouviu batidas na porta de casa. Para sua surpresa era a lebre, pedindo se podia dormir ali, a sua estava alagada, pois no telhado havia goteiras.

Ele deu risada e a deixou entrar. A lebre, então, aprendeu que às vezes a pressa é inimiga da perfeição.

Setembro 6

Narração

freepik.com

O leão mentiroso

O leão sempre foi conhecido por ser o rei dos animais, então, todos os animais da selva ou lhe tinham respeito, ou medo.

Mas, de fato, nunca ninguém viu aquele leão fazendo nada que fosse grandioso, se era para caçar: mandava outro leão; defender o reino: tinha a guarda.

Certo dia, quando estava passeando sozinho, um pequeno esquilo lhe pediu ajuda:

- Senhor leão, ajude-me! Estou sendo perseguido por uma hiena. O senhor, que é o rei dos animais, poderá espantá-la com facilidade.

- Uma hiena? Onde ela está?

- Ela vem naquela direção – indicou o esquilo.

- Então vamos correr na direção oposta – disse o leão - elas podem ser perigosas!

O esquilo ficou espantado, todo aquele tamanho não servia de nada, o leão estava com mais medo que ele.

Percebeu, então, que a mentira tem pernas curtas, uma hora alguém sempre irá descobrir a verdade.

Narração

O leão e o reflexo

Um leão andava pela selva com um pedaço de carne na boca. Ao passar por um riacho, vê sua imagem refletida na água, e logo pensa que é outro leão com um pedaço de carne maior que o seu.

Então ele deixa o pedaço de carne cair na água e ferozmente vai à busca do leão refletido, para tomar o pedaço de carne que pensa ser maior que o seu.

Dessa forma, ele perdeu os dois. Aquele que tentou pegar na água, por ser somente um reflexo, e o seu, pois ao soltá-lo, as águas do riacho o levaram para longe.

O leão, então, percebeu que não se deve trocar o que é certo por aquilo que é duvidoso.

shutterstock.com/BlueRingMedia

Narração

shutterstock.com/VectorPot

O javali e a árvore

Um javali atacava valentemente uma árvore, com suas presas afiadas tirava lascas do tronco e a deixava machucada. Uma coruja, quando viu a cena, perguntou:

- Por que tanta violência, javali?

- Estou treinado e mostrando aos animais da floresta como sou valente.

- É bem fácil mostrar toda essa sua valentia em uma árvore indefesa, está machucando quem nos dá frutos e sombra.

- Como, dona coruja?

- Isso mesmo javali, devemos cuidar de todo tipo de árvore, porque delas dependem muitos animais. Uns comem os frutos, outros fazem ninhos em seus galhos...

O javali, então, ficou envergonhado e percebeu que devemos sempre cuidar da natureza.

Narração

O coelho e a gazela

Certo dia, um coelho que acabava de chegar às redondezas, parou para tomar um pouco de água no rio. Nesse momento, veio uma gazela e falou:

- Amigo, você deve ser novo na vizinhança, todos sabem que não dá para chegar perto do rio, nele há jacarés.

O coelho respondeu:

- Mas estou morrendo de sede, sou cuidadoso. Não serei pego!

Quando o coelho se aproximavou do rio, levou um susto enorme, em sua frente estava a maior boca que havia visto em sua vida. Apavorado, voltou correndo. Por pouco não fora mordido.

Então ele aprendeu que os bons conselhos devem sempre ser seguidos.

shutterstock.com/BlueRingMedia

Setembro 10

Narração

O cacarejo da galinha

Toda vez que dona galinha botava um ovo ela cacarejava para comemorar. Um dia, uma rã se incomodou:

- Dona galinha, precisa de todo esse barulho para botar um ovo?

A galinha ficou um pouco triste, pois achava que seu trabalho era importante, mas como estava atrapalhando, passou a ficar quieta desde então.

À noite, todos foram dormir e tudo ficou silencioso, a não ser pelo coaxar da rã. Quando amanheceu, foi a vez da galinha conversar com a rã:

- Dona rã, você reclamou que faço muito barulho, ao menos boto ovos. Já a senhora coaxou e incomodou a noite toda, por nada.

A rã, então, entendeu como tinha magoado a galinha, afinal, todos têm o direito de manifestar sua felicidade.

Narração

O gavião e as andorinhas

Um gavião estava perseguindo um bando de pombinhas, ele as cercava e tentava apanhar uma delas, até que cansou daquilo e foi descansar em cima de um poste, sempre observando.

De repente, apareceu uma andorinha e pousou no fio de luz em frente ao gavião, como a desafiá-lo. Ele imediatamente voou em direção a ela, porém a andorinha foi mais rápida, conseguiu despistá-lo e ficou atrás dele, então começou a bicar sua cabeça.

As outras andorinhas vendo o que acontecia, foram ajudar a companheira. Então, o gavião se obrigou a fugir.

Naquele dia, as andorinhas ensinaram uma lição importante aos outros animais, às vezes, sozinhos não temos força, porém juntos conseguimos mais facilmente atingir os objetivos.

shutterstock.com/sayu

Setembro 12

Narração

A lebre valente

Um dia, a lebre falava para o leão de seus feitos heroicos, ela dizia que já tinha apanhado muitos animais ferozes na floresta. O leão escutava meio desconfiado, mas não disse nada.

Nesse momento, apareceu um tigre e o leão, com toda a sua força, o espantou. A lebre disse que se fosse ela não teria deixado o tigre ir.

O leão então a convidou para dar uma volta na floresta, quando eles avistam um ratinho a lebre pulou em cima dele e o fez de jantar:

- Viu, senhor leão, o que sou capaz de fazer!

A lebre nem tinha terminado de falar a última palavra, quando surgiu da floresta um cachorro latindo. Com o susto ela pulou em cima do leão e começou a gritar por socorro.

O leão então diz:

- Onde está toda a sua bravura dona lebre, bem se vê que quem muito fala, pouco faz.

13 Setembro

A mula vaidosa

shutterstock.com/Dreamcreation

Existia na floresta uma mula muito vaidosa, vivia se olhando no espelho e repetindo para si mesma que seu pai havia sido um cavalo de corrida. Sentia-se tão segura disso que decidiu se inscrever em uma corrida.

Sem dar ouvidos a seus amigos, que diziam para ela não correr, foi à competição. Mas, em certo momento, estava tão atrás dos outros cavalos que desistiu e foi para os estábulos chorando.

O primeiro colocado, então, foi falar com ela:

- Por que você se compara a um cavalo, dona mula? Sabemos que seu pai foi um jumento muito trabalhador e honesto.

Ela parou de chorar e percebeu que sua vaidade tinha o motivo errado, deveria parar de se comparar aos cavalos e se orgulhar por ser uma mula.

Narração

Narração

freepik.com

A grande sombra

Uma formiguinha ia caminhando quando percebeu sua sombra no chão, então pensou: "que sombra enorme, devo ser assim também.".

Mais adiante encontrou dois besouros que carregavam uma enorme quantidade de comida, com o pensamento que era uma formiga enorme, ordenou que eles dividissem com ela o que levavam.

- O que está dizendo formiguinha? Só pode estar de brincadeira – disse um dos besouros – tão pequenininha e querendo exigir o que não é seu!

A formiguinha então pensou: "como pequenininha, e a minha sombra enorme?". Nesse momento ela olhou para a sua sombra, e como já estava perto do meio dia, não passava de uma manchinha no chão.

A pequena formiguinha, então, percebeu que ela não deveria se iludir com algo que parecia ser verdade.

A esperteza da raposa

Narração

Certa vez, o leão convidou alguns animais para um banquete e durante o jantar perguntou a eles o que achavam de seu reino. O primeiro a responder foi o urso que disse:

- Meu caro rei, há alguns animais passando necessidades na floresta.

O rei não gostou de sua resposta e mandou que o prendessem. Repetiu, então, a pergunta ao macaco, que com medo de ser preso, disse:

- Vossa majestade, não há em nenhum lugar um reino que seja tão bem administrado quanto o seu.

O leão percebeu que ele estava mentido e mandou que o prendessem junto com o urso. Virou-se então para a raposa e esperou sua resposta. Ela pensou: “um falou mal e o outro bem e ambos foram presos, o que farei?”. Disse então:

- Majestade, eu não sei. Cheguei de mudança faz pouco e não conheço o reino ainda, mas se vossa majestade mora nele, é porque é digno de um rei.

Mais uma vez a raposa foi salva por causa da sua esperteza!

freepik.com

Narração

O golfinho e o tubarão

Todos, no oceano, já sabiam da má fama dos tubarões, eram animais traiçoeiros e perigosos. Lá, também havia um golfinho muito ingênuo que sempre confiava nos outros, não importava o que lhe dissessem.

Certo dia, ele encontrou um tubarão se lamentando de dor, tinha um ferimento causado por uma rede de pescadores. O golfinho fez de tudo para ajudá-lo até que o tubarão ficou bom, porém ele foi embora e nem agradeceu.

Dias depois, foi o golfinho que precisou de ajuda, estava nadando quando foi atacado por um polvo. Nesse momento, ele ouviu uma voz dizendo:

- Fique calmo, amigo! Vou ajudá-lo.

Era o tubarão que tinha vindo ajudar o golfinho. O polvo, vendo o predador, saiu nadando.

Às vezes, por trás de uma cara feia, esconde-se uma enorme gratidão!

freepik.com

Narração

freepik.com

O galo que queria ser chefe

Uma vez por ano os animais da fazenda se reuniam para escolher quem seria o chefe para o ano seguinte. O galo, muito ambicioso, pensou em um plano para que todos acabassem votando nele.

Enquanto os animais discursavam, ele ficava inventando mentiras: o porco era preguiçoso, a vaca tinha um mugido horrível, o cavalo estava muito velho e assim ia colocando defeitos em todos os animais.

Quando faltava somente ele para discursar, falou:

- Como todos os animais dessa fazenda tem defeitos, sugiro que todos votem em mim.

Já ia passando a conversa em toda a bicharada, quando a coruja falou:

- Ei galo, a mim você não engana. Isso que você está fazendo se chama: falta de caráter. Você não pode inventar mentiras dos outros só para conseguir o que quer.

O galo ficou com vergonha por ser descoberto e resolveu não cantar mais naquela fazenda.

Setembro 18

Narração

Gatos têm sete vidas?

Um dia um gato estava perambulando pelo telhado, andava para lá e para cá, sem nada para fazer. De repente sentiu um cheiro gostoso que vinha da casa vizinha e, quando se esticou, viu lá embaixo, um bolo esfriando na janela. Sua barriguinha então roncou e ele pensou: "tenho que comer um pedaço daquele bolo".

Sem demora começou a arquitetar um plano para chegar à janela, porém, quando chegou à beira do telhado, se desequilibrou e caiu em cima de umas latas de lixo. Pobre coitado, se quebrou todo.

Quando estavam levando o gato para ser enterrado, passaram pela janela onde estava o bolo, ele então voltou a sentir o cheirinho e começou a se mexer.

Ninguém sabia como aquilo era possível, acho que foi por causa desse gato que dizem que eles têm sete vidas.

freepik.com

A bananeira

Um macaco e um gorila eram vizinhos, na casa de um deles havia uma bananeira, ela estava tão carregada que dobrava os cachos e algumas bananas caíam na casa do vizinho, então, ele as comia.

Um dia, o gorila, dono da bananeira, se incomodou e disse que o macaco não poderia comer o que não era dele, e teve como resposta:

- Não estou tirando bananas do seu pé, estou comendo aquelas que caem em meu quintal.

Furioso, o gorila pegou o machado e cortou a bananeira.

- Agora, minhas bananas não cairão mais na casa desse macaco ligeiro! – disse o gorila.

- Realmente, gorila, não comerei mais as bananas que caírem, nem o senhor. Como você cortou a árvore também ficará sem elas. – respondeu o macaco.

Então o gorila percebeu o erro que havia cometido ao ser tão egoísta.

shutterstock.com/Valadzionak Volha

Narração

Narração

O cãozinho pobre

Certa vez, um cãozinho caminhava pela rua à procura de um lugar para ficar. Encontrou uma caixa, que depois de bem organizada, tornou-se uma bela casa. Estava feliz com o que tinha.

Um cachorro grandalhão, bem-tratado e arrogante passou em frente à casa do cachorrinho e rindo disse:

- Você chama isso de casa? Uma caixa velha!

Com calma ele respondeu:

- Prefiro ter uma casa humilde onde posso trazer meus amigos, ao palácio onde você vive sozinho, sem ninguém!

Então o cachorro grandalhão percebeu que não é a riqueza que sustenta uma bonita amizade.

21 Setembro

O tigre e o macaco

No zoológico havia duas cabanas que ficavam bem perto uma da outra. Em uma delas morava um belo tigre de pelo bem-cuidado, na outra um macaco, que pulava e fazia graça.

As pessoas até passavam para admirar o tigre, realmente o achavam bonito, mas era meio chato, afinal, ele não fazia nada! Já quando passavam pelo macaco saíam contentes, às gargalhadas, pois o macaco era divertido e inteligente.

Um dia, o tratador do tigre foi lamentar-se do lado do macaco, que disse:

- Amigo, as pessoas admiram a beleza exterior, mas é a inteligência que lhes chama a atenção.

shutterstock.com/mckenna71

Narração

O burro e o tambor

Um burro vivia infeliz em uma fazenda, achava que trabalhava demais, então decidiu fugir. No caminho encontrou dois homens que tocavam música para um cachorrinho dançar e fazer brincadeiras.

O burro achou aquele trabalho interessante e decidiu tentar fazer o mesmo. Depois de um tempo, ouviu um dos homens falando para o outro:

- Esse burro é meio desajeitado, nunca vai conseguir dançar. Porém seu couro daria um belo tambor.

O burro, quando ouviu isso, tratou de voltar para a fazenda de onde tinha fugido. Afinal, é melhor trabalhar e ficar vivo a virar forro de tambor.

shutterstock.com/Cory Thoman

Narração

shutterstock.com/Genestro

O cachorro e o lobo

Um cachorrinho estava andando à procura de um osso para roer, quando um lobo atravessou seu caminho pronto para devorá-lo.

Usando a inteligência, ele disse:

- Senhor lobo, minha carne não vale a pena! Se você quiser, posso te levar à casa de meus donos que nos darão carne de qualidade. É só falarmos com o porteiro.

O lobo pensou um pouco e achou que finalmente aquele era seu dia de sorte, acompanhou o cachorrinho até a entrada da casa, onde o porteiro foi chamado.

Porém, quando ele chegou perto, o lobo já ia longe. Não quis esperar para falar com o maior cachorro que já tinha visto.

O pequeno cachorro se livrou do lobo e continuou a procurar seu osso.

Narração

shutterstock.com/Kauriana

Além das nuvens

Uma andorinha comentou com uma águia como seu voo era bonito e que, um dia, sonhava em voar daquela forma. A águia disse que poderia ensiná-la.

Ela, então, ofereceu as costas à andorinha e subiram bem alto no céu, para além das nuvens. Porém a andorinha morreu de medo, quando ouviu o barulho dos trovões de uma tempestade que se aproximava.

- Leve-me para casa - pediu a andorinha - quero ir até meu ninho! É muito alto para mim!

A águia fez o que a andorinha havia lhe pedido, deixou-a em segurança no chão e disse:

- Sua atitude foi muito bonita hoje, você tinha um sonho e tentou realizá-lo, porém, temos que saber quais são os nossos limites.

A andorinha ficou feliz com as palavras da águia, e satisfeita com a vida que levava.

A união

O líder da manada de búfalos percebeu que, dia após dia, um de seus companheiros sumia do bando. Por mais que cuidasse, não conseguia tomar conta de todos. Então os reuniu e lhes mostrou um feixe de varas.

- Quero ver quem consegue quebrar esse feixe de varas – ele disse.

Aqueles que tentaram, não conseguiram fazer o que o líder pedira, então ele pegou uma a uma e foi quebrando cada vara, até o fim. Os búfalos se olharam pensativos, então ele explicou:

- Se cada um de vocês tentar sobreviver sozinho, irá acontecer, com a manada, o mesmo que às varas: não irão sobreviver. Mas se ficarem juntos, serão muito fortes.

shutterstock.com/Genestro

Narração

Narração

freepik.com

O tigrinho manhoso

Na floresta havia um tigrinho que fazia muita manha, quando queria alguma coisa começava a choramingar e era logo atendido. Além disso, não ajudava a seus pais e sempre que eles pediam o tigrinho dava uma desculpa:

- Não posso, minha pata está doendo!

Por vezes sua mãe parava para dar uma olhada, mas não havia nada além de manha.

Certo dia, ele saiu para brincar e espetou um espinho no dedo, foi então reclamar para sua mãe. Ela, pensando que era mais "um faz de conta", nem deu bola e o tigre acabou ficando com a pata doendo por um bom tempo.

É o que eu mereço! – pensou – se não tivesse fingido as outras vezes, minha mãe já teria me ajudado!

A mãe, quando percebeu que era verdade, tirou o espinho e o tigre ficou bom, mas aprendeu que fingir e fazer manha, não era a melhor solução.

O menino e as estrelas do mar

Um homem ia caminhando pela praia, quando viu, ao longe, um menino que se abaixava e jogava algo no mar. Chegando mais perto, o homem percebeu que ele jogava estrelas do mar, então perguntou:

- Por que você está jogando as estrelas de volta ao mar?

- Porque, se elas ficarem aqui na praia, nesse sol forte, irão secar e morrer!

- Mas o mar é cheio delas, que diferença vai fazer você jogar uma ou outra de volta?

O menino arremessou mais uma e falou:

- Para essa, eu fiz a diferença!

O homem ficou envergonhado diante de tanta generosidade do menino.

Narração

O filhote de leão

Certa tarde, dona zebra encontrou perdido na floresta um filhote de leão. Como não viu os pais do pequeno, levou-o para casa e ele cresceu junto com os filhotes da zebra.

Porém as zebrinhas não eram tão legais com o leãozinho, sem a mãe saber, sempre faziam brincadeiras de mau gosto e o deixavam sozinho, mas ele não ligava, pois tinha uma família.

Os filhotes foram crescendo e um dia, enquanto brincavam, depararam-se com dois tigres. Já estavam saindo correndo quando ouviram um rugido, era o leão, que agora crescido, estava protegendo sua família.

As zebras, então, ficaram ao mesmo tempo surpresas e felizes por tê-lo por perto, além de envergonhadas de como o tinham tratado até aquele dia.

shutterstock.com/Muhammad Desta Laksana

29 Setembro

O mensageiro a floresta

O leão precisava da ajuda dos animais que estavam do outro lado da selva, pois seu reino estava sendo atacado por hienas e outros animais que não respeitavam o ciclo da vida. Então ele precisava de um animal que levasse a mensagem.

A lebre se ofereceu, porém o leão disse que ela era indefesa e não conseguiria percorrer o longo percurso. Ela discordou e pediu sua confiança.

Observando como os outros animais estavam ocupados, deu-se por vencido e mandou a lebre, pedindo ajuda dos espíritos da floresta para que nada lhe acontecesse.

Quando o leão menos esperava, os reforços apareceram para ajudá-lo a reestabelecer a paz.

Então, chegou para a pequena lebre e lhe agradeceu, pois ela provou que cada animal tem o seu valor.

freepik.com

Narração

freepik.com

A casa da tartaruga

Um dia, Júpiter convidou todos os seres para seu aniversário. Porém, a tartaruga chegou atrasada e quando perguntaram a ela o porquê do atraso, ela disse:

- Minha casa estava tão quentinha que acabei dormindo!

Depois de cantarem os parabéns e comerem o bolo, Júpiter deu um dom para cada convidado, menos para a tartaruga, que saiu triste da festa. Porém, no dia seguinte, algo estranho tinha acontecido: sua casa estava grudada em seu corpo. Então, ela escutou a voz de Júpiter dizendo:

- Já que você gosta tanto de sua casa, irá levá-la sempre com você!

Dizem que é por isso que as tartarugas carregam o casco em suas costas.

Narração

A cilada

Um elefante estava triste, pois tinha sido preso e agora teria que trabalhar no circo. Um homem passou por ele e percebeu o que acontecia. Esse homem era um pesquisador e disse:

- Venha elefante, vou soltá-lo, assim você pode ir embora comigo até meu laboratório. Então eu poderei estudá-lo, entender como você vive e, quem sabe, seus descendentes poderão ser livres.

O elefante, então, disse que não queria ir:

- De que adianta me livrar do circo e ficar preso em seu laboratório?

O pesquisador percebeu que ele tinha razão, decidiu soltá-lo para que vivesse livre em seu habitat.

Narração

O pintinho fujão

Todos viviam felizes na fazenda, mas dona galinha desde que teve a última ninhada de pintinhos, estava cada vez mais preocupada, um deles era muito travesso e vivia fugindo. Um dia, ela perguntou por que ele fugia e ele respondeu:

- Quero conhecer o mundo!

Dona galinha balançava a cabeça e rezava.

Certo dia, ele conseguiu sair, mais uma vez, sem ser visto e foi andando pela floresta. O tempo passou, ficou tarde, o pintinho começou a ficar com fome. Anoiteceu, e ele não tinha onde dormir. Começou a ficar com medo dos barulhos que ouvia na floresta e desejou nunca ter saído de casa. Que falta faziam as asas quentinhas da mamãe, e que fome sentia.

No primeiro raio de sol, ele voltou correndo para casa, quando chegou, encontrou dona galinha morrendo de preocupação. Então o pintinho falou:

freepik.com

- Desculpe mamãe, não devia ter fugido! Agora sei como a senhora tinha razão.

Os dois se abraçaram e viveram felizes desde então.

3 Outubro

Narração

O cachorro e a raposa

shutterstock.com/Lyudmyla Kharlamova

Uma tarde, o cachorro, vigia da fazenda, saiu para caçar com seu dono. O dia foi bem produtivo e, por isso, bem cansativo. Quando a noite chegou, o cachorro acabou dormindo, e agora, quem iria cuidar da fazenda?

Uma raposa, percebendo que o galinheiro estava desprotegido, entrou de mansinho. Quando ia pegar a primeira galinha, ouviu latidos. Mas não eram os de sempre, fortes e confiantes, eram fraquinhos e um pouco esganiçados. Percebeu que vinham de um dos filhotes do cachorro. Começou a rir, ela nunca seria pega por um cachorrinho daqueles.

Porém ela não levou em conta, que o barulho poderia acordar os outros animais, então começou a confusão: cachorrinho latindo, galinha cacarejando... Quando a raposa percebeu, o vigia já estava atrás dela. Apressou-se em fugir o mais rápido que pôde.

O cachorro, então, agradeceu a seu filhote e às galinhas. Como é bom poder contar com a ajuda dos amigos!

Outubro 4

Narração

O dinossauro e a mosca

Certa tarde, depois do almoço, um dinossauro descansava à sombra de uma árvore, estava sonolento. Uma mosca que voava ali por perto pousa em sua barriga.

O dino tenta espantá-la, mas persistente, ela diz que não vai embora. Então, ele levanta disfarçadamente o rabo comprido, e com toda rapidez, tenta acertar a mosca. Mas como ela é menor e mais ágil, sai voando rapidamente. Ele acaba acertando a própria barriga e começa a gritar de dor.

A mosca fala:

- Dinossauro bobo, tentou fazer mal a mim e acabou fazendo o mal a si mesmo! Pare de ser resmungão e me deixa ser tua amiga.

O dino, então, percebe que a mosca tinha razão, e iniciaram ali uma bonita amizade.

shutterstock.com/Amalga

5 Outubro

O galo e o pato

Toda manhã, bem cedinho, o galo acordava e começava a cantar, avisando todos os animais da fazenda que o dia havia amanhecido e era hora de trabalhar.

O galo se orgulhava da profissão, pois era ele quem colocava a fazenda para funcionar cedinho. Porém, isso despertava a inveja de um dos animais, o pato sonhava com o lugar do galo.

Certo dia, ele pensou: “se o galo não acordar, ele também não irá cantar, então o dono da fazenda terá que substituí-lo”. Durante a noite, ele cobriu a janela do galinheiro para que o galo não percebesse que já tinha amanhecido.

Mas não adiantou, na hora de sempre, o galo acordou e cantou. Então o pato foi perguntar como isso era possível. O galo então respondeu:

- Certas coisas a gente aprende, mas algumas delas são dons que a natureza nos dá!

O pato, então, percebeu que contra a natureza não adiantava lutar.

freepik.com

Narração

A gralha e a raposa

shutterstock.com/Natali Snailcat

A gralha estava parada perto de um poço e trazia um pedaço de queijo para sua refeição, quando vê a raposa se aproximando. Percebendo que ia ficar sem a comida, inventou um plano para se livrar dela, então disse:

- Que bom que você apareceu, dona raposa! Estou precisando de ajuda.

- Por que eu te ajudaria?

- É que deixei cair um pedaço de presunto no poço e não consigo pegar sozinha, se você me ajudar, te dou esse pedaço de queijo!

A raposa, então, avaliou a situação, como era interesseira, pensou que poderia descer, comer o presunto e depois ainda pegar o queijo. Aceitou. Então pulou no poço, mas não viu presunto nenhum, percebeu que tinha sido enganada, e para piorar, não estava conseguindo sair.

- Gralha, sua traiçoeira! Não há nada aqui, deixe-me sair.

- Vou jogar o balde para que você consiga subir, mas hoje não irá ficar com meu queijo, pois quando você sair, já estarei longe e de barriga cheia.

Narração

A coruja e o sabiá

O sabiá estava sempre atento, pois há algum tempo a coruja vinha querendo fazê-lo de jantar. Certo dia, recebeu a notícia que ela havia sido pega por um caçador, e estava presa em uma gaiola.

O sabiá então foi fazer uma visita. Chegando, começou a caçoar da ingenuidade da coruja por ter sido capturada pelo caçador.

- Pare de falatório e me ajude a sair daqui, somos animais e devemos nos ajudar – disse a coruja.

- Por que eu te soltaria? Agora sou livre! – respondeu o sabiá.

Voando despreocupado pela floresta, o sabiá acabou sendo capturado também e, no dia seguinte, estava em uma gaiola ao lado da coruja. Foi a vez dela de dizer:

- Quanta ingenuidade a sua, querido sabiá, como é que veio parar aqui? Aproveitou pouco sua liberdade!

O sabiá, então percebeu que ao invés de caçoar da coruja, ele deveria tê-la ajudado a fugir. Agora era tarde demais.

shutterstock.com/Ann Precious

Outubro 8

Narração

O leão arrogante

O leão gostava de ser rei porque sempre era bem-tratado, bajulado pelos outros animais. Porém, o leopardo não dava importância para nada disso, falando a verdade, nem tomava conhecimento do leão. Um dia, o rei da selva pediu o motivo daquele comportamento, e o leopardo respondeu:

- Sou livre, não preciso bajular ninguém para ter o que eu quero!

- E se eu lhe der metade de meu poder?

- Ainda não te paparicaria.

- E se eu lhe desse todo o meu poder?

- Continuaria não dando bola para você. Não gosto da forma como você age, com ou sem poder.

Então o leão percebeu que agia de forma arrogante perante os outros animais, e que alguns deles só queriam sua companhia por interesse.

freepik.com

Narração

shutterstock.com/Ann Precious

A coruja que queria ser diferente

Certa vez, uma coruja estava cansada de viver acordada durante a noite, queria brincar na luz do dia, então decidiu: pintou-se de branco e foi viver com as pombas.

Por um tempo, ela viveu feliz, porém, um dia, um pombo parou ao seu lado e ela começou a piar. As outras pombas acharam aquele barulho esquisito e descobriram que ela não era uma pomba de verdade.

O que elas iriam fazer? Pensaram, pensaram e decidiram. Não fariam nada! Se ela queria ser uma pomba, que assim o fizesse. Acolheram a nova amiga e todos continuaram vivendo felizes.

Narração

A raposa e sua cauda

Uma raposa havia perdido sua cauda em uma armadilha. Envergonhada e sabendo que as outras não lhe cederiam um pedaço das suas, lhes disse:

- Vocês deveriam cortar também as suas, a cauda não nos serve para nada além de fazer peso, assim ficaremos mais ágeis.

Uma das outras raposas chega perto da amiga e diz:

- Esse seria o seu conselho, se ainda estivesse com a sua cauda?

11 Outubro

Narração

As flores da coelhinha

Certa manhã, enquanto a coelha fazia um passeio pela floresta, aproveitou para colher algumas flores, todas amarelas, sua cor preferida. No caminho, encontrou um esquilo.

- Posso ajudá-la?

- Claro, quero fazer o buquê mais bonito que possa existir!

- Só com flores amarelas? Duvido que seja o mais belo!

- Como assim, você não gosta dessa cor?

- Gosto, mas veja o que acontece se eu acrescentar a ela outras cores.

O esquilo, então, foi colhendo as flores de todas as cores que encontrava pelo caminho. Ao final, juntou todas em laço bem bonito e entregou à coelhinha.

- Você tinha razão! – disse ela. – As flores amarelas são bonitas, mas junto com as demais flores coloridas elas ficam fantásticas!

Então, ela percebeu que quando se mistura as cores, o resultado só pode ser beleza.

freepik.com

Narração

O macaco e o coelho

Um dia, um coelho estava dormindo à sombra de uma árvore, quando um macaco chegou e puxou suas orelhas. O coelho deu um pulo e olhou assustado para o macaco.

- Desculpe, amigo! Achei que fossem duas borboletas! – falou rindo o macaco.

O coelho não se deu o trabalho de responder, mas pensou que isso não poderia ficar assim.

No dia seguinte, viu o macaco sentado em um galho da mesma árvore, então começou a atirar pedras no rabo dele. Quando o macaco sentiu, deu um berro de dor e ao se virar viu o coelho que disse:

- Desculpe, amigo! Achei que fosse uma cobra!

O macaco ficou sem jeito e percebeu que não se faz aos outros, aquilo que não quer receber.

Narração

freepik.com

O livro da corujinha

Um esquilo sempre observava uma corujinha que passava todos os dias e ia em direção à floresta, ela sempre levava um livro. Um dia, ele resolveu conversar com ela:

- Oi corujinha, o que você tanto faz na floresta? E por que você sempre carrega esse livro?

A corujinha respondeu que gostava de ir à floresta para ler. Ele fez uma cara de espantado e disse:

- O que tem de tão interessante em um livro cheio de letras escritas?

- As letras talvez não sejam importantes – disse a corujinha – mas o significado que elas têm... Deixam-me fascinada!

- Fascinada!?

O esquilinho, então, quis saber o que tinha naquele livro de tão interessante. Resolveu sentar-se junto com a corujinha e ela foi lendo as histórias para ele.

Em pouco tempo, tinha mais um amigo fascinado pelas histórias. Viagem ao espaço, luta com monstros, aventuras no mar... Cada dia era uma história diferente...

O esquilo descobriu o mundo da leitura, e que ali ele poderia ser o que sua imaginação inventasse.

Outubro 14

Narração

Simples e interessante

Era o dia do aniversário da lebre, todos os animais da floresta foram convidados para a festa, que seria muito divertida. Eles procuravam levar o melhor presente possível, mas o esquilinho estava triste, sua mãe não tinha dinheiro para comprar o que ele julgava ser o melhor presente. Envergonhado, entregou o pacote e saiu correndo para aproveitar a festa.

No dia seguinte, todos se reuniram para brincar. O esquilinho ficou surpreso quando viu a lebre com a boneca que ele havia dado.

- Oi lebre, por que está com essa boneca?

- Não conte aos outros, mas este é o presente que eu mais gostei, pena que não tinha nome no pacote para eu poder agradecer quem me deu!

- Você está de brincadeira! Tinham tantas coisas legais!

- Mas nenhuma delas me deixou tão feliz. Ela é simples, não é barulhenta, não preciso me preocupar com pilhas e ainda posso arrumá-la como eu quiser.

Então, ouvindo tudo aquilo, o esquilo contou que ele tinha levado aquele presente e não tinha contado antes por vergonha.

Naquele dia ele aprendeu que nem sempre a felicidade está no brinquedo mais sofisticado.

shutterstock.com/NotionPic

Narração

freepik.com

A leoa e a raposa

A leoa estava feliz, pois acabara de ter seu primeiro filhote, lambia-o carinhosamente quando a raposa passou para visitá-la.

- Olá dona leoa, este filhote é muito bonito! Onde estão os outros? – perguntou a raposa.

- Que outros? Esse é meu único filhote – respondeu a leoa.

- Nossa, só um por vez! Cada vez que temos filhotes, nascem ao menos oito por ninhada! – desdenhou a raposa.

Para pôr um fim àquela conversa, a leoa disse:

- Você até pode ter oito de cada vez, mas é o meu único leão que será o rei da selva!

A raposa saiu sem dizer nada, porque até naquele momento havia falado demais.

Narração

shutterstock.com/artista-ka

A raposa e as galinhas

Uma raposa, estando com muita fome, deixou a prudência de lado e foi, à luz do dia, invadir o galinheiro. O cachorro, guardião da fazenda, resolveu ficar olhando o que ia acontecer, não acreditava na coragem (ou burrice) daquela raposa.

Ela, então, passou a correr atrás das galinhas. Uma, depois outra, mas não conseguia pegar nenhuma. Passados alguns minutos de tamanha vergonha, o cachorro resolveu falar com ela:

- Veja só, o que está acontecendo dona raposa! Não preciso mais nem me preocupar em cuidar das galinhas, pois você não consegue mais pegá-las!

- Cachorro bobo! Você não percebe que temos objetivos diferentes, enquanto tento matar minha fome, elas lutam para permanecer vivas!

Narração

O galo esperto

O galo andava pela fazenda quando foi apanhado pelo gato. Precisava pensar rápido, pois dessa vez não conseguiria escapar com vida, então disse:

- Senhor gato, dessa vez fui vencido, o senhor me pegou e não conseguirei fugir. Então, como último pedido, deixe-me cantar uma última vez.

O gato pensou um pouco e achou que não teria problema, ele estava preso em suas patas e se tentasse fugir de alguma forma, era só abocanhá-lo. Deixou que o galo cantasse uma última vez.

Porém o barulho foi tão grande que chamou a atenção dos cachorros da fazenda, que saíram ao socorro do galo. O gato não teve escolha senão fugir, mas pensou: “Bem-feito, pra que essa história de conceder últimos pedidos? Deveria ter desconfiado da esperteza daquele galo! Agora estou fugindo e fiquei de barriga vazia”.

freepik.com

Narração

O leãozinho e a hiena

Um pequeno leão ia levando um pedaço de carne para ser jogado fora, estava estragado e ele não queria que nenhum animal comesse e passasse mal. Porém, no meio do caminho, encontrou uma hiena faminta e gulosa.

- Onde vai com esse pedaço de carne, pequeno leão? – perguntou a hiena.

- Vou jogá-lo fora, porque está estragado.

- É mentira sua, só diz isso para que eu não o pegue.

Depois de dizer isso, ela pulou em cima do leãozinho e roubou o pedaço de carne.

- Não, dona hiena, não faça isso! Estou falando a verdade!

A hiena não quis saber o que o leãozinho disse, comeu a carne toda de uma vez só.

Um tempo depois, o leão a encontrou toda encolhida com dor na barriga.

- Viu, dona hiena, quem é guloso e não confia nos outros, acaba se dando mal.

shutterstock.com/Nina Puankova

Narração

O coelho e a onça

Já fazia tempo que a onça queria comer àquele coelho, como ele era rápido e esperto, sempre conseguia fugir. Certo dia, resolveu espalhar o boato que estava muito doente e queria pedir desculpas a todos os animais que ela tinha feito mal. Afinal, queria morrer em paz.

Em pouco tempo, vários deles apareceram à porta da onça. De repente chegou o coelho, que percebeu algo de estranho: a cara até estava feia, mas o rabo da onça não parava quieto do lado da cama, e de lá de fora falou:

- Boa tarde, dona onça! Só vim dizer que não te perdoo.

- Como não me perdoa?

- Não te perdoo por tentar me comer, se quiser, morra com essa culpa!

- Como tem coragem de dizer isso a alguém que está morrendo?

- Saiba que com sua morte, fico é muito feliz. Enfim teremos paz na floresta! – o coelho diz isso e dá uma risadinha.

Isso deixou a onça tão braba, que ela se esqueceu de seu plano e começou a correr atrás do coelho que se misturou entre os outros animais. A confusão foi tamanha que ninguém mais se entendeu.

O coelho saiu rindo, também não foi dessa vez que ele virou o jantar.

shutterstock.com/Sergey Voevodin

Outubro 20

Narração

O flautista e os ratos

shutterstock.com/SofiaV

Há muito tempo, houve uma infestação de ratos em um vilarejo, ninguém sabia como acabar com tantos deles. Os governantes, temendo pelo futuro dos moradores, ofereceram cem moedas de ouro em troca de uma solução para aquela situação.

Pouco tempo depois, apresentou-se um flautista dizendo que a recompensa seria dele, e que em pouco tempo, ninguém mais veria um rato na cidade.

Dito isso, começou a tocar com sua flauta uma música tão bonita que encantava os ratos, eles o seguiam pela cidade. Até aqueles que estavam escondidos se rendiam ao som do flautista.

Ele ia tocando e os levando para fora da cidade, para longe, em direção a um rio onde todos acabaram sendo levados pela forte correnteza.

Voltando à cidade, os moradores ficaram tão agradecidos pelo que o flautista fez, que o convidaram para que ficasse morando ali.

Narração

Dividir pode ser divertido

Os amigos resolveram fazer um piquenique, então todos foram para casa preparar o lanche para dividir com os demais. Combinaram de se encontrar, momentos depois, no parque.

A lebre foi a primeira a chegar empolgada, mas conforme os demais iam chegando, ela foi percebendo que não estavam tão satisfeitos assim.

- Qual é o problema? – ela perguntou.

- É que eu trouxe minha comida preferida e não queria dar a ninguém – disse o esquilo.

Todos os outros concordaram com o esquilo, isso deixou a lebre um pouco chateada também.

- Mas eu posso dividir – disse a gatinha.

Então, todos chegaram a conclusão que se era um piquenique, todos deveriam dividir. E foi muito interessante, porque tinham muitas comidas deliciosas. Bolo de cenoura, sanduíches, suco, frutas e até tortinhas...

No fim, eles perceberam que compartilhar com os amigos deixou o piquenique mais gosto e divertido!

shutterstock.com/Maria Starus

Outubro 22

Narração

Como é bom ter amigos

Era tempo de inverno, todos estavam ansiosos para sair e brincar na neve. O urso, o coelho, o esquilo... Todos estavam prontos para brincar. Porém, tinha um dos bichinhos que não podia sair de casa, o pequeno porquinho estava resfriado.

- Coitado do porquinho, não vai poder sair – disse o urso.

- Podemos levar um pouco de chocolate quente para ele, assim ele não vai se sentir tão sozinho! – disse o coelho.

Quando o coelho chegou à casa do porquinho, ele ficou muito feliz, então pediu que o amigo abrisse as cortinas para que juntos pudessem ver a neve. Nesse momento, ele teve mais uma surpresa: ali fora, bem perto da janela, os outros amigos estavam construindo um boneco de neve para ele.

O porquinho então falou:

- Como é bom ter amigos, nunca estamos sozinhos!

shutterstock.com/Elena Barenbaum

Narração

freepik.com

A corrida

Em uma manhã, dois amigos se encontraram, o coelho então desafiou o veado a correr até o pinheiro mais alto.

- Seria uma tolice apostarmos uma corrida – disse o veado.

- Por quê? – perguntou o coelho. – Você está com medo?

- Claro que não. É que sou maior e tenho as pernas mais compridas, sei que vou ganhar!

- Eu não teria tanta certeza! – disse o coelho.

Então saíram. O veado saiu na frente, mas ao olhar para trás, percebeu que o coelho estava muito perto, dando saltinhos e desviando de troncos de árvores. Na pressa de chegar à frente, o veado acabou trombando em um arbusto e perdeu a liderança.

Eles estavam quase chegando ao grande pinheiro, o veado saltando sobre galhos e o coelho passando por baixo dos arbustos. Quando eles cruzaram a linha de chegada, estavam juntos.

Então sentaram para descansar, felizes por manterem essa amizade.

Narração

shutterstock.com/Jakkarin chuenaka

Garoto esperto!

Joãozinho era um menino educado, sempre ajudava em casa e fazia pequenos favores. Às vezes, os avós davam algum dinheiro de presente para que ele comprasse algo de que gostasse. Ele agradecia, mas não gastava.

Certa vez, o avô percebeu que o menino sempre guardava o dinheiro em um cofrinho e, curioso, perguntou qual era o objetivo do neto.

- Vô, quero juntar tudo o que eu puder para comprar uma bicicleta nova!

- Mas você já tem uma! E não seria mais fácil pedir para seus pais? Ou para o Papai Noel?

- Mas vô, queria fazer como as pessoas grandes, elas trabalham para ter o que querem sem ficar pedindo ou dependendo dos outros. E percebi, que se eu guardar tudo o que ganho, vou conseguir logo, logo.

O avô ficou admirado com o pensamento e esperteza do garoto.

Narração

Alice no País das Maravilhas

Uma tarde, Alice resolve sentar à sombra de uma árvore para ler um livro. De repente ela vê um coelho branco correndo, ele era diferente, olhava em um relógio e dizia que estava atrasado, nisso entra em uma grande toca. Curiosa, a menina vai atrás dele, mas quando entra na toca, começa a cair.

Ela cai por tanto tempo, que não entende como chega em segurança ao chão. Está em um átrio, onde encontra uma chave e várias portas, porém a porta que se abre com a chave é muito pequena. Então ela vê em cima de uma mesa uma garrafa, quando ela bebe o líquido, fica pequena e passando pela porta, encontra o País das Maravilhas: um lugar cheio de seres diferentes e estranhos.

Lá, ela encontra uma lagarta, um gato sorridente, um chapeleiro maluco e a lebre que a convidam para tomar um chá. Mas o ser mais curioso foi a rainha de copas, que repetia a frase: "Cortem a cabeça!".

Quando Alice percebeu que estava correndo perigo nesse mundo estranho, sentiu alguém lhe segurando, era sua irmã, porque tudo isso não passou de um sonho.

shutterstock.com/Pushkin

O urso e a pantera

Uma pantera se movia com muito cuidado para apanhar uma manga que estava na ponta de um galho, porém, como este era muito fino, envergou quando ela subiu nele.

Um urso observava a cena, então ofereceu ajuda a ela.

- Não ouse subir nesse galho, senão cairemos os dois – disse a pantera.

Mas o urso, que era brincalhão e divertido, não deu bola, e o galho acabou quebrando com o peso dos dois. Na queda, eles caíram em um rio.

A pantera, que já estava zangada com a intromissão do urso, agora estava furiosa. Então o urso falou:

- Vamos lá, amiga pantera, não leve a vida tão a sério. Poderia ser pior, olhe o que consegui pegar antes de cair.

Na mão do urso estava a manga. Os dois se sentaram em uma pedra para se secar e saborear a fruta.

Desde então começou uma grande amizade.

Narração

shutterstock.com/chaika

Corajoso como o pai

- Pai, quando eu crescer, quero ser corajoso igual a você – disse o leãozinho ao pai.

- Tudo a seu tempo, meu filho! – respondeu o leão. - Agora, vá brincar com seus amigos.

O pequeno leão então saiu dizendo que quando crescesse, teria o rugido e a juba igual ao pai.

- Quando crescer até pode ser! – disse um de seus amigos.

- Posso não ser tão grande como meu pai, mas sou tão corajoso quanto! – disse o leãozinho.

Nesse momento, ele viu um galho de uma árvore que se estendia acima de um rio e resolveu provar sua coragem. Subiu na árvore e ia caminhando pelo galho, quando eles ouviram, um estalo. Não deu tempo de seus amigos avisarem, o galho quebrou e o leãozinho caiu no rio.

De repente, ele sentiu que estava sendo retirado da água, era eu pai que estava furioso.

- Filho, existe uma grande diferença entre ser corajoso e ser tolo!

O filho entendeu a lição, pediu desculpas e todos foram para a casa.

Narração

freepik.com

Bolhas de sabão

A menina brincava, fazia bolhas de sabão enquanto a mãe estendia as roupas no varal. Ela fazia as bolhas e ficava admirando, como eram redondinhas e coloridas!

Em um momento, acompanhando uma delas, a menina saiu caminhando, tropeçou na bacia de roupas e acabou caindo no chão.

A mãe, ajudando a filha a se levantar, disse sorrindo:

- Minha filha, sonhadora! Vive com os olhos nos céus e se esquece de olhar por onde anda...

- Para que devo perder tempo olhando o chão, se o que quero e acho mais bonito, está nas alturas? – respondeu a filha.

O que sobra de sonhos e poesia nas crianças, por vezes, falta aos adultos.

Narração

Hora de dormir

- Venham meus gatinhos, já é hora de dormir – chamou a mamãe gata.

Eles foram ao encontro da mãe entre protestos de que não estavam com sono.

- Então, mamãe, conta uma história antes de dormir?

A mãe lhes explicou que tinha trabalhado muito e que estava muito cansada naquela noite. Então, eles decidiram que contariam a história para que a mãe pudesse descansar.

- Era uma vez - começou um dos gatinhos – um gato enorme e feroz...

- Pare! Não pode ser uma história dessas, precisa ser mais tranquila! – disse outro gatinho.

- Está bem. Era uma vez um gato que tinha o sonho de ser um pintor...

- Ei, olha só – um dos gatinhos cutucou o outro – a mamãe já dormiu!

Então eles se aninharam ao redor dela e caíram no sono também.

shutterstock.com/Teguh Mujiono

Narração

O concurso de dança

Como os macacos gostavam de dançar, decidiram fazer um concurso de dança. O rei aprovou a ideia, pois era um bom dançarino. Organizaram uma música animada e todos os macacos estavam na expectativa de o concurso começar.

- Serei o primeiro a me apresentar! – disse o rei.

Os macacos concordaram, afinal ele era o rei. Logo depois de terminar sua apresentação, ele voltou para seu trono.

- Agora, vamos escolher o vencedor – disse o rei novamente.

Os macacos ficaram desapontados, pois ninguém, além dele, havia dançado. Porém, nenhum deles tinha coragem de questioná-lo. Como fariam para participar?

Um urso que via toda a situação resolveu intervir:

- Bem, como não sou um macaco, não tenho rei, então posso falar – imediatamente todos olharam para ele. – Não há um concurso sem que haja vários competidores, então senhor rei, não podemos escolher um vencedor se somente o senhor dançou.

O rei então percebeu, que assim como ele, os outros macacos também queriam se divertir, liberou o concurso e a festa ficou ainda mais animada.

31 Outubro

O circo de pulgas

shutterstock.com/Cory Thoman

Havia um novo circo na cidade, os primos foram até lá para ver as atrações. Eles acharam tudo maravilhoso, viram um elefante, um leão, havia até uma girafa! Porém, João olhava e não dizia nada.

- Tudo bem João, se você não está achando interessante, do que você gosta então? – perguntou Beto.

- Ora, gosto do circo das pulgas! – ele respondeu.

João levou os outros primos até uma tenda, lá dentro havia pequenos balanços, um trapézio, uma pequena tenda de circo com o picadeiro em miniatura e pequenas jaulas. Por mais que tentassem olhar, os primos não conseguiam ver pulga nenhuma.

- É porque não tem pulga nenhuma aí. Vocês precisam usar a imaginação! Vejam, há uma pulga malabarista. Que pena! Ela deixou cair uma bolinha...

Os primos entenderam a brincadeira.

- E outra se balançando no trapézio.

- Uma vai saltar por um arco em chamas...

Eles ficaram ali por um longo tempo, se divertiram tanto que quase perderam a hora de voltar para casa. Acharam a atração a mais interessante que já haviam visto, apesar de não terem visto nada.

Quanta imaginação!

Narração

Narração

Uma pequena ajudinha de Robin Hood

shutterstock.com/Teguh Mujiono

Era um dia chuvoso, e uma carruagem que estava a caminho do castelo, atolou na estrada. Ela pertencia ao príncipe João e estava cheia de moedas de ouro, como o peso era muito grande, o cocheiro não conseguia fazê-la sair do lugar.

Robin Hood e seu amigo, João Pequeno, perceberam o que estava acontecendo:

- Olhe João Pequeno, podemos ajudar o príncipe e os pobres – disse Robin.

Então, João Pequeno foi falar com o cocheiro e o príncipe, enquanto Robin se encarregou de pegar alguns sacos de moedas. Com a carruagem com menos peso, os dois conseguiram empurrar e fazê-la se movimentar, enquanto isso, Robin já estava escondido na floresta novamente.

Aquele ouro iria ajudar muitas pessoas pobres que estavam passando necessidade.

Os dois ursos

Dois ursos andavam pela floresta, estavam tentando chegar à corredeira onde havia muitos peixes, mas a viagem estava demorando mais que o previsto. O urso maior então disse:

- Já é tarde, vamos dormir embaixo dessa árvore.

- Mas aqui é muito frio, não podemos procurar uma caverna? Mamãe costumava dizer que no fundo era bem quentinho... – disse o ursinho menor.

- Não há cavernas aqui, deite e durma!

O ursinho não se deu por vencido, saiu andando e encontrou uma caverna, voltou para chamar o irmão. O mais velho, teimoso, não querendo dar razão ao menor, disse que ele poderia ficar lá, mas ele dormiria ali mesmo.

Quando a madrugada chegou, ele começou a sentir frio. Então, tomou cuidado para não acordar o irmão menor, e foi deitar ao lado dele, dentro da caverna.

Às vezes, os menores também tem razão!

Narração

Que bagunça!

freepik.com

A ratinha levantou e foi para a cozinha, quando a mãe a viu perguntou:

- Onde está o outro pé de seu chinelo?

- Eu não sei – respondeu a ratinha. – Ontem à noite deixei do lado da minha cama e agora, quando acordei, não estava mais lá.

- Vamos lá que ajudo você a procurar – disse a mãe.

Porém, quando ela entrou no quarto, levou um susto! Parecia que um furacão havia passado por ali, tinha bagunça para todos os lados. Roupa no chão, brinquedos espalhados...

A mãe, então, olhou de cara feia para a filha e disse:

- Simples assim, no momento que você arrumar toda essa bagunça, você achará seu chinelinho! – fechou a porta e deixou a ratinha ali, colocando suas coisas no lugar.

Um tempo depois, voltou a ratinha satisfeita, estava com os dois pés do chinelos.

- Mãe, veja o que achei! Estava embaixo da cama. A senhora tinha razão, quando tudo volta para seu lugar, fica mais fácil de encontrar as coisas!

Narração

A bondade do papagaio

freepik.com

Todas as tardes o rei ocupava uma parte de seu tempo se dedicando à sua horta, era um passatempo que lhe fazia bem. Ali ele plantava uma grande quantidadc de vegetais e hortaliças. Porém, nem tudo que nascia era comido, e alguns legumes acabavam estragando.

Um belo dia, o rei chegou à horta e metade daquilo que havia plantado tinha sumido. Muito brabo, ele saiu seguindo as pegadas que pareciam ser do papagaio do castelo.

Elas o levaram até uma tenda que ficava na parte mais pobre do reino, do lado de fora havia uma placa que dizia: “Distribuição de legumes, vegetais e hortaliças vindos da horta do rei”. Entrando na tenda, ele achou seu papagaio e o que faltava de sua horta.

- Mas o que é isso? – perguntou o rei.

- Vossa majestade - disse o papagaio – o senhor cultiva tanta coisa e deixa para apodrecer. Veja quantas pessoas podemos ajudar!

O rei percebeu que o papagaio estava certo, e ainda fez mais. Mudou sua horta para aquele ponto da cidade, onde todos poderiam cultivar seus alimentos juntos.

Novembro 5

Narração

Uma lição!

shutterstock.com/chaika

Certa vez, um vaga-lume queria chamar a atenção dos companheiros para irem voar pela floresta, mas eles estavam brincando entre eles e disseram que depois iriam. Irritado por ter sido deixado de lado, inventou um plano: voou para dentro de uma árvore oca e gritou:

- Socorro! Socorro! Estou preso!

Os amigos voaram rapidamente para salvá-lo. Mas quando chegaram perto, perceberam que era só fingimento. Então, voltaram a brincar.

Tempo depois ouviram:

- Socorro! Socorro! Caí na água e estou todo molhado.

Ao chegarem perto, ouviram o riso do vaga-lume. Eles o alertaram que aquilo não estava sendo nada engraçado.

O vaga-lume, então, pousou em uma flor para esperar e adormeceu. Quando acordou, percebeu que havia sido capturado por um sapo.

- Socorro! Socorro! Fui pego por um sapo, é verdade, venham me ajudar!

Quando ia ser jogado na enorme boca do sapo, ele acordou assustado. Ainda bem, tinha sido só um sonho! Mas fez o vaga-lume aprender a lição, ficou com seus amigos e esperou pacientemente sua vez.

Com ajuda tudo é mais fácil

Dois cachorros estavam em um beco procurando comida, quando sentiram o cheirinho de bolo de carne vindo de um apartamento, porém ficava no segundo andar.

- Deixa que eu pego! – disse o cachorro maior.

- Por quê? Você acha que não consigo? – respondeu o menor.

E começaram uma disputa para ver quem pegava primeiro. O pequenino subiu em uma pilha de engradados, se segurou no varal e pulou para cima, já o maior subiu na lixeira e se esticou até a janela. Os dois chegaram até lá no mesmo momento.

Porém, com tanta barulheira, os moradores desconfiaram e levaram a comida para dentro.

- Ah, ficamos sem a comida! – disse o cãozinho. – Mas que interessante o truque com a lixeira, poderíamos fazer o mesmo se eu subisse em sua cabeça?

- Claro que sim! – respondeu o maior – Assim faríamos menos barulho.

Do parapeito da janela do apartamento vizinho, vinha um cheirinho de empadão.

- Ei amigo, está pensando a mesma coisa que eu?

- Acho que sim! Juntos, conseguiram pegar a comida que estava na janela.

freepik.com

Narração

Narração

Festa surpresa

shutterstock.com/Brovko Serhii

Era aniversário do galo, ele não queria fazer nada de especial, tinha vergonha quando todos cantavam o parabéns, então ficou satisfeito quando ninguém veio lhe cobrar o bolo e uma festa.

Porém, no passar do dia, percebeu que nenhum animal da fazenda havia se lembrado de seu aniversário. Começou a ficar meio triste, será que ele era tão chato assim?

Já no fim da tarde, percebeu que a galinha estava indo falar com ele. Estufou o peito para receber os parabéns, mas ela só queria um favor, pediu que ele a acompanhasse até o celeiro, estava precisando de milho e era muito pesado para que carregasse sozinha.

Ao chegar perto do celeiro, ele notou uma movimentação estranha, e de repente:

- Surpresa! Feliz aniversário! – todos os animais estavam a sua espera para comemorar seu aniversário.

- Não achou que íamos esquecer, não é? Afinal, a vida dos bons amigos sempre deve ser celebrada!

8 Novembro

Narração

Grande confusão

Dois cachorrinhos viviam aprontando na fazenda, eram curiosos e brincalhões. Certo dia, o caminhão veio entregar a ração dos animais, quando o motorista parou para descarregar a encomenda, eles pularam para dentro.

Os dois filhotes estavam tão ocupados comendo, que nem perceberam quando o motorista voltou, fechou a porta e foi para a fazenda vizinha.

Quando a porta abriu novamente, os dois pularam para fora e foram se esconder.

- O que vocês estão fazendo aqui? – ouviram uma voz que soava mal-humorada.

Havia um cachorro enorme, com cara de brabo, atrás deles.

- De-des-culpa, se-se-nhor! Estamos perdidos! – disse gaguejando um dos filhotes.

- Viemos junto com o caminhão de comida, e não sabemos como ir para casa – disse o outro.

- Vocês moram na fazenda vizinha? Então deixa que eu levo vocês! – perceberam, então, que a cara feia não passava de brincadeira.

shutterstock.com/LAN02

Quando chegaram com o vizinho, todos perguntaram se eles ficaram com medo. Então responderam:

- Claro que não! Afinal, por trás daquela cara de mau, há um bom coração!

Narração

freepik.com

Brincadeira de menino ou de menina?

Certo dia as crianças se reuniram para brincar.

- Qual vai ser primeira brincadeira? – perguntou Ana.

- Bola! – disseram os meninos.

- Ah, não! – disseram as meninas – Nós queremos brincar de bonecas.

- Então vamos escolher uma brincadeira que não seja nem bola, nem boneca – disse João.

Brincaram então de pique-esconde, pega-pega, caça à bandeira e outros. Bem no fim, ainda jogaram bola e, como estavam cansados de correr, teve até brincadeira de casinha com bonecas.

- Que dia divertido! – disse Ana. – Não sei por que as pessoas dividem brincadeira de menino e de menina. O importante é fazer amigos, se divertir e aprender coisas novas!

Narração

freepik.com

Para que tanto estresse?

Na selva, todos os animais eram responsáveis por algum trabalho, porém existiam dois que não se davam bem em nenhum deles, já haviam tentado feito quase todas as tarefas, mas não se encaixavam em nenhum lugar.

Como última tentativa, foram designados a cuidar dos filhotes, enquanto as leoas saíam para caçar.

- Nós podemos nadar no rio? – perguntou uma pequena leoa.

- Claro! – disse o esquilo – Divirtam-se!

- Eu preciso dormir agora? – perguntou outro.

- Se você não quiser, não precisa – disse o javali.

E a confusão estava armada. Tempo depois chegou o pássaro que era responsável pela ordem no reino. Estressado, já estava brigando e dando ordens.

- Ei, amigo, para que tanto estresse? De que adianta ter um reino tão organizado e não aproveitar o que ele tem de bom? – disse o esquilo.

O pássaro percebeu que no fundo eles tinham razão, sempre era rígido com suas regras e com os outros. Ele precisava aprender a aproveitar mais a vida.

Narração

Dia de acampamento

freepik.com

Fazia dias que o pai falava para a formiguinha sobre o acampamento, porém ela não mostrava nenhum interesse. Quando tudo estava pronto, partiram rumo à floresta. No caminho encontraram mais algumas formiguinhas com seus pais e, depois de muito caminhar, chegaram ao destino.

- Meninos, chegamos! – disse empolgado um dos pais.

- Legal, mas não tem internet? – disse uma das formiguinhas – Como vamos ficar aqui por dois dias sem conversar com o mundo?

- Somos bastantes formigas aqui, ao invés de conversar com o mundo, que tal falar com a gente?

- Afff! – foi o que os pais ouviram de seus filhos.

Depois de montar o acampamento, foram pescar, tomar banho no rio, fizeram um balanço e assim foi o dia. À noite, ao redor da fogueira, cantaram músicas e contaram histórias.

Quando amanheceu, levantaram cedinho, e no finalzinho da tarde voltaram para casa.

- Pai - disse a formiguinha – obrigada pelo melhor fim de semana que já tive! Ficar sem internet pode mesmo ser muito legal!

12 Novembro

Narração

Que tal explorar durante a noite?

Quando a lua brilhou, todos os animais foram para seus abrigos dormirem, isso é o que o esquilinho achava. Mas quando ele se preparava para dormir também, ouviu alguém lhe chamando:

- Esquilo, não durma ainda! Vem, vamos explorar durante a noite!

- Como assim, coelho? À noite, a gente precisa descansar.

- Venha, quero lhe mostrar o que acontece enquanto você dorme.

Os dois amigos encontraram vários tipos de animais: corujas, gambás, guaxinins, texugos... E até vaga-lumes, como eram lindos, piscavam na escuridão da floresta.

De repente, a brincadeira foi interrompida pelo barulho de milhares de asas batendo acima deles, eram morcegos.

freepik.com

- Que susto! – disse o esquilo – Depois dessa, vamos para casa, já estou ficando cansado.

Os dois voltaram para casa felizes depois de descobrirem uma vida diferente na floresta.

Narração

Cuidado com as mentiras

Um ursinho estava contando aos amigos algumas façanhas que ele e seu irmão mais velho fizeram.

- Um dia, nós pegamos cem peixes! – disse o ursinho.

- Cem peixes! – repetiram admirados os amigos – E o que vocês fizeram com eles?

- Ora, comemos todos!

- É impossível, vocês não aguentariam!

Nesse momento chegou o urso mais velho. Curiosos, todos perguntaram se a história do ursinho era verdade.

- Não é exatamente assim, mas deixem pra lá – disse o mais velho.

Mais tarde, quando os dois irmãos caminhavam para casa, ele chamou a atenção do pequeno:

– Se continuar inventando histórias, ninguém mais acreditará em você.

O pequeno urso, então, aprendeu a lição.

freepik.com

O elefante de bom coração

O ratinho ia andando e quando encontrou seu amigo elefante triste e cabisbaixo, parou para conversar:

- O que foi, amigo? Por que você está triste?

- Os outros animais não me querem por perto, dizem que sou muito grande e desajeitado.

- E você acreditou? Não se importe com a opinião deles, como podem ser tão maldosos! E todas as suas qualidades? Acho que é um pouco de inveja!

- Inveja ou não, estou sozinho!

Dias depois, o tigre caiu em uma armadilha de caçadores e não conseguia sair. O elefante viu o outro lá embaixo e ofereceu ajuda.

- Vamos lá, você só vai sair daí com a ajuda de alguém bem grande e torça para que eu não seja desajeitado!

Envergonhado, o tigre aceitou. Depois lhe pediu desculpas e agradeceu, porque o elefante, além de tudo, tinha bom coração.

shutterstock.com/Igor Zakowski

Narração

Narração

Colorido é mais bonito!

Uma tarde, a rainha estava caminhando pelo reino e notou que as folhas das árvores não estavam mais verdes.

- É natural, minha rainha, estamos no outono, algumas folhas mudam de cor.

Mas ela não havia gostado, então mandou que seus empregados pintassem tudo de vermelho. Eles assim fizeram. Mas quando ela viu tudo daquela cor, achou feio.

shutterstock.com/Teguh Mujiono

- Amarelo, quero tudo pintado de amarelo! – disse a rainha, e os empregados pintaram. Porém ela não gostou novamente e começou a gritar meio histérica:

- Quero azul! Não, laranja! Não, verde! Agora quero rosa! E umas bolinhas pretas! Finaliza com marrom!

A rainha parou de falar já sem fôlego e olhou ao redor:

- É assim que eu gosto. Tudo colorido, porque todas as cores deixam tudo mais bonito!

Narração

Qual é a flor preferida?

Era aniversário da mamãe e os cinco cachorrinhos estavam à procura do melhor presente.

- Ela adora flores! – disse um deles.

E cada filhote saiu dizendo que acharia a flor preferida de sua mãe para lhe dar de presente.

Pouco depois, eles voltam e cada um havia trazido uma flor diferente: rosa, lírio, margarida, violeta e orquídea. Mas qual seria a flor preferida da mamãe? Foram entregar o presente:

- Parabéns mamãe! Trouxemos flores para a senhora escolher a que mais gosta e usar em sua coleira. – disseram os filhotes.

A mãe ficou feliz pelo gesto de carinho, mas sabia que se escolhesse uma flor, magoaria os demais filhotes. Então foi pendurando uma a uma em sua coleira até formar um colar. E disse:

- Eu adorei todas elas, da mesma maneira como adoro todos vocês!

freepik.com

Narração

shutterstock.com/irustynova

Descobertas

O filhote de cervo estava descobrindo a floresta, sua mãe o havia levado para pastar na clareira, então ele começou a explorar o lugar.

De repente, ele chega perto de uma folha e ela sai pulando, ele acha aquilo meio estranho e quando chega perto novamente, ela dá mais um pulo. Ele a segue até chegar perto do riacho, onde tem mais uma surpresa: dentro do rio havia um cervo!

Foi correndo falar com sua mãe:

- Mamãe, mamãe, dentro do rio tem um cervo igual a mim, acho que encontrei um amigo! Também vi outra coisa interessante: uma folha que pula.

A mãe, então, o acariciou e sorrindo disse:

- Filho, o que você encontrou pulando era um grilo e lá no rio, você viu seu reflexo!

Narração

A raposa e o mestre gato

A raposa vivia atrás do gato, quando achava que ia conseguir pegá-lo, ele pulava para longe e ela ficava olhando o bichano fugir. Era um mestre dos pulos.

Cansada de se sentir uma boba, ela propôs paz.

- Chega senhor gato, nunca vou conseguir pegá-lo, você é o mestre dos pulos e o invejo por isso. Aliás, você poderia me dar algumas aulas, assim eu também não passaria mais fome.

O gato aceitou, ensinou vários pulos e saltos para a raposa. Ela era uma aluna dedicada, treinava muito.

Um dia, ela então decidiu pôr a segunda parte de seu plano em prática, era hora de pegar o gato, afinal, ele havia lhe ensinado tudo o que sabia, agora não iria escapar. Quando a raposa esgueirou-se por trás e deu o salto certeiro, o gato percebeu o movimento dela e simplesmente rolou para o lado. A raposa passou direto por ele e foi parar no chão.

- Mas o que deu errado? – disse ela.

- Ah raposa, você veio com muita sede ao pote, muita força e pouca técnica. Além disso, todo professor sempre tem um truque na manga, para se defender de um coração mal-intecionado!

Narração

Pra que chuva?

O céu estava cheio de nuvens que ficavam cada vez mais escuras.

- Não gosto de tempestades – disse o coelho – são assustadoras!

- Eu também não – disse o pequeno cervo – Fazem muito barulho! Eu queria que essa chuva fosse embora e não voltasse mais.

A mãe do pequeno cervo, que estava ao seu lado ouvindo a conversa, perguntou:

- Então você não quer mais beber água fresca do riacho?

- Claro que quero!

- E quer que a nossa grama verdinha fique seca?

- Claro que não!

- Então, meu filho, acho melhor você se acostumar com a chuva, pois é ela que enche nosso riacho e molha a grama que está sempre verdinha. Ela deixa a nossa vida mais feliz, veja como tudo fica mais bonito depois da chuva!

Os dois amigos perceberam que a mãe tinha razão, a chuva era muito importante para a vida na floresta.

freepik.com

20 Novembro

Narração

freepik.com

Tem alguma coisa dentro do armário

Quando os gatinhos foram dormir viram algumas luzes piscando dentro do armário.

- Tem algo ali dentro! – disse a gatinha.

Todos ficaram parados olhando para a escuridão. De repente as luzes recomeçaram a piscar. Eles correram para cima da cama.

- Vai ver o que tem lá dentro!
- Vai você!
- Por que eu?
- Porque você é o mais velho!
- Tudo bem!

O gatinho mais velho foi andando em direção ao armário, empurrou a porta devagarinho e pulou lá dentro. Fez um barulhão.

Do lado de fora os outros estavam de olhos arregalados, esperando o que ia acontecer.

De repente, o gatinho sai de lá dando risada e segurando um tênis de luzinha no calcanhar.

Para que tanto medo? Todo mundo sabe não há nada assustador dentro do armário!

Narração

Não mexa no que não é seu!

Lili era uma menina muito sapeca, estava sempre explorando e mexericando pela casa. Às vezes, pegava até o que não devia e sua mãe ficava brava.

- Não mexa no que não é seu! – sempre dizia a mãe.

Mas Lili não dava bola. Um dia, ela encontrou um pacote dentro do guarda-roupa, não pensou duas vezes, abriu e dentro dele havia uma caixinha. Dentro dela tinha uma pulseira com vários pingentes, era o seu presente de aniversário.

Ela achou tão bonito que a colocou e saiu para brincar, porém, correndo em volta da casa, acabou se enroscando na cerca e a arrebentou. Foi chorando mostrar para a mãe o que tinha acontecido.

A mãe ficou muito triste por ver que a filha havia mexido novamente onde não devia, e contou que ela tinha acabado de quebrar seu próprio presente.

Ela, então, combinou que consertaria a pulseira, mas a filha teria que merecer o presente. Para cada dia que ela se comportasse, ela lhe daria um pingente para pendurar novamente.

shutterstock.com/dumayne

E assim aconteceu, Lili aprendeu a se comportar e conseguiu conquistar seu presente de volta.

Uma ideia brilhante

Narração

O senhor coruja tinha o privilégio de trabalhar em casa, em sua oficina ele fazia móveis em madeira. Certa vez, ele saiu para fazer algumas entregas e deixou seus três filhotes em casa.

- Não façam confusão! – disse o senhor coruja antes de sair.

Logo que o pai saiu, os três filhotes foram para a oficina.

- Vamos pintar? – convidou um deles.

freepik.com

Mal começou a brincadeira e um dos potes caiu em cima da mesa, espalhando tinta azul para todo lado.

- O que vamos fazer? Papai vai ficar muito zangado!

- Vamos pintar o resto da mesa, assim ele vai achar que queríamos fazer uma surpresa!

E assim fizeram, pintaram também as pernas de amarelo e as gavetas de vermelho. Quando o pai coruja voltou, adorou o que os filhotes fizeram.

- Mas pai, temos que contar a verdade, nossa intenção era brincar e não pintar a mesa...

O pai, então, disse que mexer nas coisas era errado, mas que estava satisfeito porque eles contaram a verdade.

Narração

É sempre bom ser humilde

freepik.com

Na floresta, o urso e o coelho estavam brincando de atirar com arco e flecha. O urso era mais habilidoso e estava ensinando o coelho como fazer. Pediu que ele colocasse uma maçã em cima de uma pedra, então atirou sua flecha que acertou em cheio no alvo.

- Também quero experimentar – disse o coelho.

Porém, quando soltou a flecha, ela caiu poucos metros à frente.

- Tudo bem, isso acontece com todo mundo! – disse o urso.

- Até mesmo com você?

- Comigo não. Eu nunca erro! – se gabou o urso, enquanto puxava a corda do arco para trás.

Nesse momento, uma ursinha chegou e disse “oi”. A mão do urso escorregou e a flecha não passou de alguns metros.

O coelho então começou a rir. Até o arqueiro mais experiente pode perder o foco!

24 Novembro

Narração

Cuidado com a fofoca

No circo, todos os animais estavam curiosos sobre o que havia acontecido com o macaco, no espetáculo da noite anterior. Então veio o leão e contou para os tigres:

- Vocês souberam que o macaco arrasou ontem à noite? Deu um salto entre dois trapezistas. Eles estavam há quatro metros de altura e sem a rede de proteção!

Um dos tigres foi correndo contar para o elefante:

- Sabia que o macaco quase aterrorizou os trapezistas? Um deles quase caiu, e estavam a seis metros de altura! Imagina, sem a rede!

O elefante então contou para os cachorrinhos:

- Jesus! Vocês não vão acreditar, os trapezistas caíram por causa do macaco que deu um salto para cima deles. Sorte que tinha a rede de proteção!

Junto com os cachorrinhos estava um passarinho que disse:

- Mal posso esperar para espalhar a notícia. Ninguém vai acreditar que é verdade!

Narração

Sempre na hora de dormir!

Já era tarde e os peixinhos tinham ido para a cama, mas um deles não conseguia dormir:

- Pai, conta uma história? – pediu o peixinho.

- De novo? Já contei três! – respondeu o pai. – Chega, vira para o lado, fecha os olhos e dorme!

- Mas não tenho sono! Posso tomar um leite?

- Agora não! Depois de um tempinho...

shutterstock.com/Ovocheva

- Pai! Posso ver um pouquinho de TV? – pediu novamente o peixinho.

- Não, filho, é só ficar quietinho! O sono já vem! – respondeu o pai.

O peixinho começou a pensar por que não tinha sono. Estava esquecendo de alguma coisa... Foi ao banheiro, escovou os dentes, agradeceu pelo dia e... Ah, já sabia porque ainda não tinha dormido. Virou para o pai e disse:

- Pai, eu te amo!

Depois disso dormiu feliz até o outro dia.

Como é bom ajudar

shutterstock.com/Navakun Suwantragul

Dois ratinhos estavam indo para casa, já era tarde e, para o azar deles, havia começado a chover. Abriram o guarda-chuva, se abraçaram e começaram a andar mais rápido, quando ouviram um miado.

- Escute, vem debaixo daquele carro! – disse a ratinha.

- Não podemos ir até lá, é um gato! Quando olhar para a gente vai nos engolir!

- Mas nós temos que ajudá-lo, parece um filhote indefeso!

Quando chegaram perto, viram que o gatinho chorava, estava todo molhado. Ele então contou que não tinha para onde ir.

- Vamos levá-lo junto! A garotinha da casa vai gostar de ter um amigo! – disse a ratinha.

- Mas e se ele, quando crescer, resolver nos comer?

O gatinho, que ouvia toda a conversa, então falou;

- Fiquem tranquilos, já tenho vocês como bons amigos. Afinal, qual é o rato que ofereceria ajuda a um gato? Sei o que é gratidão!

Então, foram os três para casa. Essa amizade durou por muito tempo!

Narração

Narração

História de pescador

- Ei coelho, vamos pescar? – convidou o esquilo.

- Vamos, você vai ver, eu sou o melhor pescador da região! – disse o coelho.

- Mas eu pesco os maiores!

Os dois se aprontaram com anzóis, iscas, varas, linhas e foram para o rio.

Quando chegaram, o coelho foi logo jogando sua linha, mas se enrolou todo. O esquilo riu do amigo, pegou sua vara de pesca e jogou sua isca na água. Quando puxou, ela ficou presa no fundo do rio.

- Que situação! – falou o coelho.

Nesse momento, eles ouviram um rugido, era um urso pardo. Os dois então saíram correndo, se esconderam atrás de uma árvore e ficaram observando o grande animal.

Ele entrou no rio e começou a pescar vários peixes com suas patas gigantes.

Os dois, se olharam e decidiram ir embora, trouxeram tanta parafernália e não tinham conseguido pescar nada.

Acabaram admitindo: tinham perdido para um urso.

shutterstock.com/Liusa

Narração

Boas maneiras

Os filhotes estavam saindo para brincar quando a mãe do coelho avisou:

- Não se esqueçam de sempre ter boas maneiras!

Ele fez cara feia e saiu com o amigo, decidiram brincar de esconde-esconde. Então o javali começou a contar.

De repente, o coelho voltou correndo e gritando por socorro, atrás dele vinha uma mãe urso com seus filhotes. O coelho então gritou:

- Foge amigo! Esse é o bicho mais feio e malvado que já vi!

- Como assim feio e malvado! Você entrou em minha caverna, acordou meus filhotes e ainda fala isso de mim? Onde estão seus modos? – disse a mãe urso furiosa.

- Peça desculpas, coelho! – falou o javali também com medo.

- Tudo bem, desculpe senhora urso! Não deveria tê-la incomodado! – disse o coelho.

- Ainda bem que você se lembrou dos bons modos, hoje eles salvaram sua vida! – ela disse isso e foi embora.

O coelho, ainda com medo, disse ao amigo que nunca mais esqueceria as boas maneiras de que sua mãe tanto falava.

shutterstock.com/schwarzhana

Narração

Como é bom ter amigos!

Os animais estavam planejando fazer uma festa, todos se ofereceram para organizar algo. O hipopótamo disse que pegaria algumas frutas.

- Que bom, leve alguns amigos com você – disse o leão.

- Não precisa, posso pegar sozinho – ele respondeu.

E foi em direção à floresta.

Quando chegou perto das árvores percebeu seu erro, era forte para carregar muitas frutas, mas não era alto o suficiente para pegá-las. Estava pensando como ia fazer quando ouviu:

- Precisa de uma mãozinha, amigo? Nós podemos ajudar! – disse a girafa que vinha acompanhada de um macaco.

- Que bom que vocês estão aqui. Achei que conseguiria sozinho! – disse o hipopótamo.

- O rei leão nos mandou, ele sabe que você é forte, mas teria problemas com a altura. Dividir o serviço torna tudo mais fácil!

- Agora eu sei. É bom ter amigos!

freepik.com

Narração

Que tal uma pescaria?

- Hoje vou te ensinar a pescar! – disse o urso para seu amigo macaco.

Ele estava animado, afinal, pescar era algo relaxante e ainda poderia aproveitar para conseguir a sua janta. Foram os dois para o rio.

- Presta atenção, você só precisa ficar esperando por um peixe e... Agarrá-lo quando ele passar – disse o urso com a rapidez de um raio.

Olhando assim até parecia fácil. Lá foi o macaco. Mas o que ele conseguiu foi cair de cabeça no rio.

O urso, então, resolveu ensinar outra técnica. Foram para perto da pequena cachoeira onde os peixes pulavam a correnteza. O urso esperou um pouco e quando o peixe pulou... Ele o pegou.

- Agora é minha vez – disse o macaco empolgado.

Pobre macaco, a única coisa que conseguiu foi cair de novo na água.

Já cansado, olhou para o urso e disse:

- Deixe pra lá, amigo! Cada um tem sua habilidade, já percebi que pescar não é para mim! Venha, vamos pegar umas bananas!

shutterstock.com/ileeprints

Narração

Que soluço!

- Olá, inc, pessoal, inc! – chegou cumprimentado o pequeno leão.

- Mas o que é isso? – perguntou o porco-espinho.

- Não, inc, consigo parar, inc, de soluçar!

- Já tentou tapar o nariz e pular em uma perna só? – perguntou o esquilo.

- Já!

- AAAAAAA! E levar um susto!

- Era, inc, para eu me assustar? Não está, inc, funcionando! – disse o leãozinho.

- Que tal lamber o dedão do pé? – disse o porco-espinho.

- Que nojo! Vocês não estão, inc, me ajudando!

Nesse momento chegou a dona coruja que assistia às tentativas fracassadas de ajudar o pequeno leão.

- Tome, pequeno, beba esse copo de água!

- Claro que não vai passar! - disse o porco-espinho. – Um simples copo de água!

- Espere, estou curado – disse o leãozinho fazendo festa.

Às vezes a solução mais simples é aquela que vai dar certo!

shutterstock.com/pichayasri

2 Dezembro

Narração

Esses desafios!

shutterstock.com/Ashusha

Três gatinhos sempre competiam entre si, cada um sempre queria provar para o outro que podia mais. Quem comia mais, quem corria mais, quem saltava mais e assim por diante. Até que um dia deu errado.

- Você não é o melhor, vamos ver quem consegue subir mais alto no grande carvalho! – disse um dos gatinhos.

- Aceito o desafio! – disse o outro.

- Parem, isso não vai acabar bem – falou o terceiro.

Mas já era tarde, os outros dois já estavam subindo. Subiam, subiam, até que um deles olhou para baixo.

- Miauuuu! Olha mano, estamos muito alto! Estou com medo!

- É verdade, também quero descer!

Então foi uma sucessão de miados. O pequeno gatinho que estava olhando foi correndo chamar o vô que pegou uma escada e salvou os encrenqueiros.

- Ufa - disse um deles – não quero mais saber de desafios!

- É, isso nunca acaba bem! – disse o outro.

E foram brincar no jardim.

Narração

A soneca do pequeno leão

freepik.com

- Que sono! – disse o urso.

- Sempre depois do almoço dá uma preguiça! – falou a pantera.

- Eu não estou com sono e nem com preguiça, vamos brincar? – perguntou o pequeno leão.

- Deite-se e descanse, porque depois vamos caçar e você precisa de energia.

- Não preciso dormir, já disse! Estou cheio de energia, posso até ir agora!

- Agora é muito quente! E se você ficar correndo agora, estará cansado mais tarde – explicou a pantera.

Logo o urso e a pantera estavam tirando uma soneca, então o leãozinho resolveu correr com os outros animais, depois subiu em árvores. Quando voltou para perto de seus amigos, deitou-se ao lado do urso para, então, também tirar um cochilo.

Mal o pequeno leão tinha adormecido, os outros dois acordaram e esticaram as patas. O urso sentou-se e deu uma sacudida no leãozinho que dormia.

O único som que se escutou foi o ronco do pequeno. Ele correu tanto que agora estava realmente cansado!

Narração

Também quero ter amigos!

Ir à escola sempre foi muito legal, mas não ultimamente. Um caranguejo, novo no colégio, estava brigando com todos os pequenos animais do mar.

- Pai, ele incomoda todo mundo! – disse o peixinho.

- Filho, não dê bola! Ele cansa e para – respondeu o pai.

Mas não deu certo, todos os dias o caranguejo escolhia alguém para brigar.

Certo dia, o peixinho estava brincando com seus amigos e junto com eles estavam os tubarões, nadavam e davam risadas, e o caranguejo olhava de longe. No outro dia, na escola, ele chamou o peixinho para conversar:

- Puxa, que incrível, eu também queria ser amigo dos tubarões! Na verdade, seria bem legal se eu tivesse ao menos um amigo!

O peixinho espantou-se com o que tinha escutado e disse:

- Se quer amigos, por que incomoda todo mundo?

O caranguejo percebeu que tinha que mudar a forma como tratava os outros e pediu desculpa a todos.

Desde então, tudo voltou a ser divertido!

Narração

A horta do coelho

O coelho acordou bem cedo, pois tinha muito que fazer em sua horta. Ele tinha que arrancar as ervas daninhas e colher as verduras que estavam maduras. Mas havia um problema, ele havia emprestado todas as suas ferramentas para os seus amigos.

Enquanto estava pensando como faria o serviço, o urso chegou para devolver a pá, logo depois, foi a vez do esquilo trazer o ancinho, e ainda apareceu o pato com a tesoura de poda.

- Oi coelho, podemos ajudar em sua horta? – disse o urso.

- Ora pessoal, não é preciso! – respondeu o coelho.

- Deixa, senhor coelho, é uma forma de retribuir a gentileza de ter emprestado as ferramentas – explicou o pato.

- Tudo bem, então! Cada um pode escolher o que fazer – disse o coelho.

E assim os amigos, em pouco tempo, ajudaram o coelho a pôr o serviço em dia em sua horta.

freepik.com

Narração

freepik.com

É bom ficar junto

Duas gatinhas irmãzinhas viviam brincando juntas. Certo dia, uma delas trouxe da escola um livro, parecia encantado, pois tinha enfeitiçado a gatinha. Ela passava um bom tempo olhando as figuras e lendo a história.

- Mana, vamos brincar? – perguntou a mais nova.

- Já vou, estou quase terminando – respondeu.

Mas aos olhos da pequena aquilo não terminava nunca. Então ela reclamou:

- O que tem de tão especial nesse livro? Você nem brinca mais comigo! Eu não gosto dele!

- Tem uma princesa.

- Princesa?

- Que mora em um castelo.

- Castelo?

E a pequena foi chegando mais perto, sentou ao lado da irmã mais velha.

- Mana, conta a história pra mim?

- Claro, você vai gostar! Era uma vez...

E foi assim que a gatinha mais nova descobriu que ficar lendo junto com sua irmã era bem legal!

Narração

Tamanho não é documento!

shutterstock.com/Kaliaha Volha

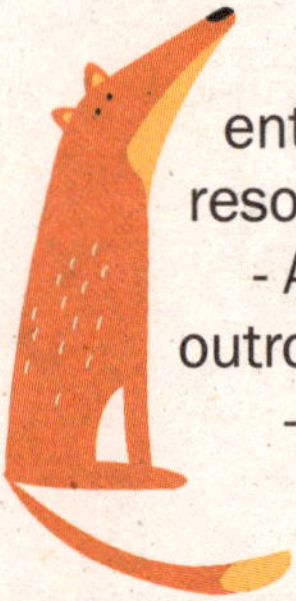

O dia estava alegre na floresta, então a raposa, o urso e o esquilo resolveram pegar algumas frutinhas.

- As frutinhas mais doces ficam do outro lado do rio – disse o urso.

- Mas não podemos ir até lá, as tábuas da ponte estão caindo e a correnteza do rio é muito forte – disse a raposa.

- Mas olhem como as frutinhas lá são maiores e parecem mais saborosas! – disse o esquilo enquanto ia em direção à ponte.

Porém foi impedido pelo urso que disse:

- Não, você é muito pequeno, deixa que eu passo pela ponte.

Quando estava na metade do caminho, ele pisou em uma tábua que quebrou por causa de seu peso e caiu no rio. Ele tomou um pouco de água, mas conseguiu nadar até a margem. O mesmo aconteceu com a raposa, quando tentou atravessar, ela também caiu no rio por causa de uma tábua solta.

O esquilo não se conteve e, cuidadosamente, foi atravessando a ponte até chegar ao outro lado.

- Como você conseguiu atravessar sem cair no rio? – perguntou a raposa.

- Às vezes, ser o maior e mais forte não resolve os problemas. Ser leve e pequeno tem suas vantagens.

Narração

Valorizando as diferenças

Em uma tarde, na floresta, os animaizinhos estavam brincando de esconde-esconde. O gambazinho foi procurando e já havia encontrado quase todos, o urso, a raposa, o cervo, o passarinho, mas faltava o coelho.

- Desisto, coelho! - disse o gambá.

- Surpresa! – gritou o coelho assustando todo mundo.

- Ei pessoal? Que cheiro é esse? – perguntou o urso.

- Desculpem! – disse o gambazinho envergonhado – sempre que me assusto isso acontece!

- Não tem problema, daqui a pouco passa – disse a raposa.

Decidiram escolher outra brincadeira. Quando estavam brincando de pega-pega, ouviram um rugido muito alto, era de um leão que observava, decidido a pegar os filhotes.

Nesse momento, o gambazinho ficou com tanto medo que o seu cheirinho se espalhou novamente, isso acabou espantando o leão.

- Viva o gambazinho! – disseram os amigos.

Desde então, o gambazinho percebeu que não tinha mais motivos para se envergonhar.

Narração

freepik.com

Uma mãozinha amiga

O coelhinho caminhava triste, quando encontrou a raposa.

- Por que você está tão triste? – perguntou a raposa.

- Ah amigo, está tão quente e todos os outros filhotes foram nadar no rio, mas minha mãe me deixou tantas tarefas para fazer que não vou poder ir com eles! – respondeu o coelhinho.

- Que pena! Você não pode ir até que termine todas elas?

- Não!

- E são muitas?

- Pode apostar!

- Bem, eu sei do que você está precisando. De um amigo!

- Não acredito – disse o coelhinho abrindo um sorriso.
- Você me ajudaria com todas elas?

Juntos, os dois arrumaram a casa, varreram o chão, penduraram a roupa no varal, fizeram os deveres da escola do coelhinho... Em pouco tempo, tinham terminado.

- Obrigado, amigo! Como posso retribuir a sua ajuda? – pediu o coelhinho.

- É simples, convide-me para nadar com vocês!

E os dois amigos foram felizes em direção ao rio.

10 Dezembro

Narração

O grande fujão

Os três amigos, o leão, o coelho e o porco-espinho, estavam descansando à sombra de uma árvore quando ouviram:

- Socorro! Socorro!

Procurando de onde vinha o pedido de ajuda, viram um hipopótamo que estava enroscado em uma armadilha dos caçadores.

- Acalme-se grande filhote e conte como você foi parar aí? – perguntou o porco-espinho.

- Oi, pessoal, eu fugi de casa! – disse o hipopótamo.

- Por que você fez isso? É errado, todos devem estar procurando por você!

- Eu sei, mas briguei com meu irmão e achei que ia ficar de castigo.

- Ora garoto, você só aumentou o tamanho do seu problema, agora você fez duas coisas erradas.

- Ouça! – disse o porco-espinho. – Tem alguém procurando por você. Deve ser sua família, então, não interessa o que você fez, deve ir até lá e pedir desculpas.

- É verdade, só consegui deixar meus pais preocupados.

O hipopótamo, então, aprendeu a lição, pediu desculpas por tudo que tinha feito de errado e foi para casa com seus pais.

Narração

Não incomode os outros

Dois gatos tinham o costume de andar pelo terreno do vizinho, lugar onde vivia um cachorro.

- Vamos, o cachorro está dormindo! – disse um dos gatos.

E lá foram os dois pela cerca, onde tinha um pequeno buraco. Bem devagarinho ficaram ao lado do cachorro e...

- MIAUUUU!

O cachorro acordou em um pulo, mas não conseguiu pegar os gatos que fugiram pelo buraco.

- Seus mal-educados! Não se deve incomodar os outros desse jeito! – gritou o cachorro pensando já em um plano para pegar os dois vizinhos.

No dia seguinte, os gatos viram o cachorro dormindo e novamente entraram no pátio para assustá-lo. E tudo aconteceu parecido ao dia anterior, porém quando os gatos corriam em direção à cerca, um enorme cão bloqueou a passagem pelo buraco.

Eles, então, ficaram desesperados, como iriam fugir?

- Desculpem, por favor, nos desculpem, não vamos fazer novamente! – disseram os gatos.

Os dois gatos perceberam que se não fosse a boa vontade dos vizinhos, poderiam estar encrencados.

freepik.com

Narração

A lâmpada mágica

shutterstock.com/Tomacco

Há muito tempo, um vendedor de queijos chamado Hassan, recebeu de um mercador uma lâmpada. Ele começou a limpar para que ficasse brilhosa, de repente saiu dela um gênio.

- Olá, eu sou o famoso gênio da lâmpada! Você tem direito a fazer três pedidos.

- Que maravilhoso! Primeiro eu gostaria de ter muitas cabras, para ter bastante leite.

O gênio assim fez, apareceram tantas cabras que encheram a pequena loja e derrubaram as tendas do mercado.

- Meu Deus! – disse Hassan. – Eu precisaria ter a maior loja do mundo para vender o leite de tantas cabras.

Então o gênio fez a loja de Hassan crescer, ela ficou maior que as dunas.

- Isso é terrível! – disse Hassan. – Eu só queria fazer o melhor queijo da cidade! Você é um gênio encrenqueiro, eu nunca queria tê-lo conhecido!

Puft! Nesse momento o gênio sumiu e tudo voltou ao normal.

- Acho que tudo não passou de um sonho – disse Hassan.

Mas, a partir daquele dia, todos começaram a dizer que o queijo feito por Hassan é o melhor da cidade!

Narração

Que medo!

Dois leõezinhos saíram para brincar e acabaram chegando às terras proibidas do reino, elas tinham esse nome porque lá havia muitos predadores.

- Eu não tenho medo! – disse Palu.

- Medo de quê? – perguntou Nana.

- De ir até lá!

- Mas é proibido! Nosso pai não vai gostar!

- Você só está dizendo isso porque está com medo!

- Não estou! Ou estou? É, eu tenho medo de ir até lá! Há predadores e eles são perigosos!

- Tem medo, lá, lá, lá, lá!

Nesse momento, ouviram um rugido muito alto de um leão que estava se aproximando. Palu levou o maior susto e voltou correndo para perto de Nana. Quando percebeu que era seu pai começou a rir.

- Não ria, Palu, você estava fazendo algo muito errado. Primeiro estava desobedecendo a uma ordem, depois estava debochando da sua irmã.

O leãozinho ficou envergonhado.

- Escutem, não há problema em ter medo, principalmente se a situação é perigosa. O importante é vocês perceberem até onde vocês podem ir.

Os três, então, voltaram para casa, já estava anoitecendo.

shutterstock.com/Marlenes

Narração

Uma nova casa

Em uma tarde, o vento soprou tanto que derrubou a casa do coelho. Ele, então, foi até a casa do urso.

- Não se preocupe, amigo! – disse o urso. – Você pode ficar comigo o tempo que precisar.

O coelho agradeceu, mas percebeu que o urso roncava demais. Então, no outro dia, foi à casa do pato, mas ali não tinha cenouras.

- Não se preocupe – disse o coelho. – Vou até a casa do leão.

Chegando lá, ele percebeu que o leão era muito espaçoso, e acabou não sobrando lugar para o coelho.

Quando ia caminhando pela floresta, pensando onde poderia passar a noite, encontrou seus amigos, que disseram ter encontrado a casa perfeita para o coelho.

- Duvido, pois ela tem que ser espaçosa, sem barulho de roncos e ter cenouras!

Eles, então, chegaram a uma casinha aconchegante, perto do riacho.

- Essa é minha casa! Como é possível, ela foi derrubada com o vento! – disse o coelho.

Então eles explicaram que a haviam reconstruído.

O coelho agradeceu e convidou todos para tomarem um chá em sua nova velha casa.

shutterstock.com/Anna Kukushkina

Narração

Obedeça ao seu pai

depositphotos.com

- Já é tarde, hora de dormir! – disse o pai dos filhotes desligando a TV.

- Mas, pai! Agora é a hora que o leão vai pular em cima dos outros animais e... – dizia um dos filhotes quando foi interrompido por seu pai.

- Queridos, não é hora para assistir esse tipo de filme, vamos! Já para as cestinhas.

Os três filhotes desligaram a TV emburrados e foram para a cama. Pouco tempo depois, já se ouvia o ronco de dois deles. Sapeca, como o nome já dizia, estava acordado pensando no ataque do leão. De repente ele ouviu um barulho.

- Será que um leão entrou aqui em casa? Tenho que avisar papai!

O barulho parecia chegar mais perto, então ele viu uma sombra perto da porta. Não dava tempo de avisar o pai. Pulou em cima do leão e...

- Sapeca, o que você está fazendo fora da cama? – perguntou o pai.

- Ahhh! Estava pegando o leão! – disse o filhote.

- Certo, por que você não vai para a cama e esquece esse leão? Afinal, era só um filme!

Sapeca voltou para cama, se aconchegou nos irmãos e dormiu, percebendo que seu pai tinha razão.

16 Dezembro

O melhor de todos os presentes

Era dia de festa na floresta, era aniversário da raposa e ela tinha convidado todos os animais. Já estava quase na hora, mas o cachorrinho ainda não tinha escolhido o que dar para ela. Pensou em vários presentes - uma bola, um frisbee, uma coleira - mas nenhuma delas parecia interessante.

Então foi até seu esconderijo e desenterrou um osso, daria a sua amiga o maior deles. Porém, quando ia orgulhoso de seu presente, encontrou o galo que disse:

- Ela é uma raposa, tem certeza que vai gostar de roer um osso?

Ele ficou desanimado, já tinha pensado em tantos presentes diferentes... Por que era tão difícil encontrar o certo?

Então percebeu seu erro, estava escolhendo presentes para si. No caminho, ele se lembrou de como a amiga gostava de flores, colheu algumas e levou para ela.

- Obrigada, elas são lindas! – disse a raposa. - Mas você sabe que melhor presente para mim é nossa amizade!

Ao ouvir isso, o cãozinho ficou ainda mais feliz.

shutterstock.com/littleWhale

Narração

A partida de futebol

Em uma tarde ensolarada, os filhotes reuniram-se para jogar o campeonato de futebol da floresta. Havia vários deles correndo para cá e para lá, chutando bola, treinado...

Conforme os jogos iam acontecendo, algumas equipes foram se destacando, até que sobraram para a final os esquilos contra os coelhos.

O jogo estava interessante, se encaminhava para o final e o placar estava empatado. Mas nos últimos minutos os coelhos fizeram um gol e ganharam o campeonato.

Todos foram festejar, menos um dos esquilinhos que estava chateado, sentado sozinho à sombra de uma árvore.

- Pai, não é justo eu perder. Treinei muito! – disse ele a seu pai.

O pai sentou ao lado dele e disse:

- Filho, eu sei que você treinou bastante, e seu time jogou muito bem, mas não foi o suficiente. Tem alguém naquele time que se dedicou um pouco mais. No ano que vem, haverá outro campeonato e você terá mais uma oportunidade. Agora vamos, não há motivos para ficar triste.

O pequeno esquilo percebeu que não deveria parar de treinar e tentar, afinal, não se pode ganhar sempre.

Narração

Uma briga boba!

depositphotos.com

- Eu não quero ver você nunca mais! – disse a lebre indo para sua toca.

- Tudo bem, porque eu também não quero ver você! – respondeu o urso andando para sua caverna.

Os outros animais ficaram sem saber o que fazer, quando perceberam que a lebre e o urso estavam brigando, ainda mais por um motivo tão bobo.

- Espere, isso não pode ficar assim – disse a tartaruga para o passarinho. – Vamos ajudá-los a fazerem as pazes.

A tartaruga, então, falou para a lebre que o urso estava triste e para se desculpar havia mandado uma cenoura.

O passarinho fez o mesmo com o urso, disse que para se desculpar a lebre havia mandado um peixe. Então, teriam que se encontrar para fazer as pazes.

Porém, os dois animais descobriram que tudo havia sido um plano criado pela tartaruga.

- Você veio aqui para voltarmos a ser amigos –disse o urso. – Isso é o importante para mim.

- Também não gostei de brigar com você! – respondeu a lebre.

E tudo voltou ao normal. Para serem amigos novamente, eles só precisaram de uma mãozinha da tartaruga.

Narração

Quem é o melhor pescador?

O pequeno leão, o porco-espinho e o esquilo decidiram que naquele dia iriam comer peixe no jantar. Só tinha um problema, quem pegaria os peixes?

- Eu! – disse o leãozinho. – Afinal, sou um ótimo pescador.

- Que bom, porque nós dois morreríamos de fome se tivéssemos que pegar nossos próprios peixes – disse o porco-espinho.

Assim que chegaram ao lago, o pequeno leão subiu em um galho e logo pegou o primeiro peixe.

- Ei amigos, vocês não querem tentar?

O esquilo até tentou, mas o galho era muito alto e suas patinhas eram muito curtas. Então o porco-espinho também quis tentar, mas quando subiu no galho, ele começou a ceder com tanto peso e ele acabou caindo na lagoa, espalhando água e, quem diria, peixes para todos os lados.

- Vejam só! – disse o pequeno leão – nosso amigo porco-espinho é o melhor pescador de todos!

shutterstock.com/shako

shutterstock.com/Muhammad Desta Laksana

Narração

Quer participar da brincadeira?

Era tarde de sol e calor e os animais da floresta resolveram ir para o rio nadar.

O pequeno esquilo deu um grito, se pendurou no cipó e pulou na água. O coelho nadava alegremente, o macaco pendurava-se nos galhos das árvores e caía no rio. Todos aproveitavam o calor e a água.

O leão, então, convidou a tigresa para participar da brincadeira, mas ela disse que queria pegar sol e descansar.

Contrariado, ele pensou em um a forma de trazer a amiga para junto deles. Então, subiu no barranco, saiu correndo e deu uma bomba n'água, deixando a tigresa ensopada.

Ela se levantou e rugiu, mas quanto todos achavam que era de brabeza, ela começou a rir e admitiu que em um dia de sol, nada melhor que a companhia dos amigos.

Narração

shutterstock.com/jehsomwang

Uma experiência interessante!

Em uma manhã, a macaquinha Quiqui levantou meio triste, achava-se sem graça. Estava cansada da mesma aparência, mas o que poderia fazer?

Ela ainda estava se olhando no espelho quando uma de suas amigas chegou, então ela sugeriu:

- Por que você não usa uma coroa de flores?

Foi o que Quiqui fez, mas chegou a esquilinha e disse que se ela queria ficar diferente, aquilo não era o suficiente, então sugeriu mudar a cor de seu pelo.

- Que tal se fosse preto? – disse a esquilinha.

Quiqui pintou seu pelo, mas acabou sentindo-se estranha.

- Quer saber? - disse a macaquinha. – Nem coroa de flores, nem pintura do pelo. Acabei de perceber que todas essas mudanças foram interessantes, mas gosto da forma que sou.

Ela, então, pulou no rio, tirou tudo aquilo e voltou ao normal, feliz.